누군가가 해냈다면
나도 당연히 할 수 있다

누군가가 해냈다면
나도 당연히 할 수 있다

초판 1쇄 인쇄 2020년 4월 27일
초판 1쇄 발행 2020년 5월 01일

지은이 | 데일 카네기
엮은이 | 장운갑
펴낸이 | 최근봉
펴낸곳 | 도서출판 넥스윕
디자인 | 디자인 [연:우]
등록번호 | 제2014-000069호
주소 | 경기도 고양시 덕양구 행신동 햇빛마을 2004동
전화 | 031) 972-9207
팩스 | 031) 972-9208
이메일 | cntpchoi@naver.com

ISBN 979-11-88389-13-1 (13190)

누군가가 해냈다면
나도 당연히
할 수 있다

HOW TO START
LIVING AND SUCCESS
IN LIFE
DALE CARNEGIE

데일 카네기 지음 | 장운갑 편역

오늘이
인생의 첫날이며
최후의 하루이다

N 넥스웍

곧 시작하라, 그리고 생각하라, 그러면 부자가 될 수 있다. 자기 자신을 발견하고 자기 자신이 되어라. 그리고 일에 흥미를 느껴라. 그러면 번민에서도 해방되게 마련이니, 결국은 승진도 하고 급료도 오르게 되는 것이다. 나는 나의 일을 사랑한다. 오늘도 100% 힘차게 일에 임할 것이다.

우리는 다양하고 급변하는 세계화 속에서 자기 자신을 잃지 않고 자신의 적성과 능력에 맞는 일을 즐겁게 할 수 있다면 행복하다고 할 것이다.
그러기 위해서는 '적극적인 마음가짐-PMAPositive Mental Attitude'으로 자신에게 처한 문제를 해결해나갈 때 보다 앞선 성공으로의 지표를 향해 가는 인간이 될 수 있을 것이다.

이 책의 내용은 데일 카네기의 베스트셀러 중 인생을 살아가면서 가장 모범이 되고 만족감을 가지며 행복한 성공을 한 사례들만을 뽑아 엮은 것이다. 그리하여 당신이 설정한 목표를 완성하는 데 친절한 동반자로, 혹은 충실한 조언자로서의 역할을 해줄 것이다.

물론 사람마다 성향이 다르기에 이 책을 읽고 적극적인 마음가짐이 될 것인지 아니면 더 소극적으로 침체된다든지 기분은 매우 다를 것이다. 그러나 지금 당장 할 수 있다고 믿으며 실천하는 자만이 자신의 목표를 달성할 수 있고 행복한 성공자가 되어 웃을 수 있을 것이다.

이 책은 가장 성공한 사람들이나 저명인사들의 삶만을 조명한 것이 아니거니와 평범함 사람들이 어떻게 부를 이루고 행복한 성공자가 될 수 있었는지를, 그들의 생생한 체험담을 통해 활동사진처럼 보여주고 있다.

따라서 그 누군가가 해냈다면 당연히 나도 할 수 있다는 신념과 자신감을 가지고 한 발 한 발 힘차게 내딛기를 기원하다.

편역자

차례

들어가며 005

PART 1
성공을 위한 마음 자세

PART 2
부자가 되는 법

PART 3
평화와 행복을 얻는 방법

PART 4

건강을 유지하는 방법

PART 5

나는 어떻게 고민을 극복하였는가

PART 6

성공의 지름길

성공을 위한 마음 자세

곧 시작하라. 그리고 생각하라. 그러면 부자가 될 수 있다.
성공하기 위해서는 마음으로부터 보는 눈을 가져야 한다.
보이지 않는 힘으로 당신 자신과 타인에게 동기를 유발해야 한다.

무엇이 문제인가

어떠한 경우라 하더라도 문제가 생겼다는 것은 좋은 일이다. 그 이유는 당신이 그런 어려운 문제에 부딪혔을 경우 그것을 이겨내고 또 그 문제 해결을 반복하는 동안에 성공의 길은 더욱 빨라지기 때문이다.

그것은 문제에 봉착하여 해결하기 위한 노력과 문제에서 벗어나기 위해 싸워 이길 때마다 당신의 지혜·경험·도덕적·판단 능력이 다 같이 성장하기 때문이다. 당신이 문제에 직면하여 적극적인 사고를 하고 문제를 이길 때마다 더욱 앞선 성공의 지표를 향해 나가는 인간이 되는 것이다.

다시 한번 생각해 보면 당신의 인생에 있어서, 또는 역사상의 어떤 인물의 인생에서 성공이란 그 사람에게 직면했던 문제 덕분이 아니었다는 사람은 아마 없었을 것이다.

이 세상의 누구에게나 문제가 있다는 것은, 살아가는 모든 것은 항상 변화 과정에 있기 때문이다. 변화는 움직일 수 없는 자연법칙이기 때문에 당신에게 있어서 중요한 것은 변화에 대한 성공과 실패의 여부는 당신의 마음가짐에 달려 있다.

당신은 당신의 생각을 지배하고, 감정을 조절하면서 당신의 태도를 결정할 수가 있을 것이다.

언제라도 당신에게 부딪히는 모든 어려운 문제들을, 적극적인 마음가짐을 가지고 대처할 수가 있다면 당신은 어떤 어려운 문제가 있더라도 현명하게 해결할 것이다.

만약에 당신이 적극적인 마음가짐의 가장 중요한 요소, 즉 행운의 신이 당신과 가까이 있다고 믿으며 그 신은 항상 당신 곁에서 좋은 이미지를 갖고 있다면 당신은 당신에게 직면해 있는 여러 문제에 있어서 가장 유효적절하게 대처할 수가 있을 것이다.

지금까지 당신에게 부닥친 제반 문제는 크게 두 가지로 나눌 수가 있다.

그 하나는 당신 개인적인 문제 즉 경제, 감정, 도덕적·정신적·육체적과 같은 일반적인 것이요, 다른 하나는 사업상·직업상의 문제일 경우이다.

개인적인 문제는 우리가 모두 경험하는 문제이기 때문에, 여기에서는 인간이 경험할 수 있는 가장 힘든 문제에 직면하였던 이야기를 예로 들겠다.

따라서 최후의 승리에 도달했을 때까지, 여러 가지 어려운 문제를 해결하는 데 있어서 어떻게 적극적인 마음가짐을 가졌었는지를 살펴보기로 하자.

◆ ◆ ◆

그의 어린 시절은 집안이 가난하여 매우 불우했다. 가까스로 초등학교에 들어가기는 했으나 그 시절에도 궁색한 집안을 돕기 위해서 사르트 항구 주변을 돌아다니며 신문을 팔기도 하고 구두를 닦으며 일거리를 쫓아 피곤한 생활의 연속이었다.

점차 나이가 든 후에는 알래스카 항로의 화물선 선실에서 일하는 노무자가 되기도 하였지만, 17세 되던 해 고등학교를 졸업하자 그는 과감히 가출했다. 그리고는 철도편을 이용하는 부랑자들에게 휩쓸려서 전국을 돌아다녔다.

그의 동료들은 한마디로 모두가 거친 성격 탓에 품위가 없었고, 도망자나 밀수업자, 도둑 등 이런 부류의 인간들이 그의 주위를 맴돌았다. 또 도박에 손을 댄 후부터 그의 생활은 더욱더 비참해졌다.

찰리 위드가 술회한 것을 보면, '나는 잘못이라는 못된 동료와 손을 잡았습니다. 그로 인해서 내 인생은 말할 수 없는 지경까지 이르렀습니다.'라고 말하고 있다.

어느 때는 도박으로 큰돈을 벌기도 했지만, 곧 그것을 잃고 말았다. 드디어 그는 마약 밀수 행위로 체포되었다가 유죄 판결을 받았다. 그러나 찰리 위드는 그 사건에 대해서는 결백하다고 주장했었다.

그가 24세일 때 그는 첫 번째 리푼위드 교도소에 갇혔다. 그의 친구들과는 달리 그는 그 나이까지 한 번도 교도소 출입을 하지 않았지만, 교도소에 들어간 그는 매우 비참한 기분에 휩싸이기 시작했다. 그러나 한편 생각하기에 어떠한 감옥이라도 그를 언제까지나 가두어 둘 만큼 견고하지는 못할 것이라고 믿고 탈옥의 기회만을 노리고 있었다.

그런 그가 자신을 PMA로 바꾸는 데 획기적인 일이 일어났다. 그동안 마음속에 품고 있었던 사회에 대한 저주와 불평불만을 일소하고 그 교도소 안에서 가장 모범적인 수형자(受刑者)가 되리라고 마음 먹었다. 그는 그 순간부터 자신이 처한 환경이 가장 좋은 상태라고 생각하기에 이른 것이다.

따라서 그 이후부터는 그에게 오늘날의 이런 비참한 환경을 가져오게 된 이유를 용서하고자 하는 마음을 넓게 가졌다. 그리하여 지금까지 자신을 잡아 들인 경찰과 현실 등 이 세상을 증오하던 감정을 버리게 되었다.

그는 지금까지의 찰리 워드가 어떤 인품의 소유자였다는 것을 생각하고, 자신의 장래에 대해서 비관적인 생각을 갖지 않도록 노력했으며 어떻게 하면 교도소에서의 생활을 유쾌하고 명랑한 시간으로 만드느냐에 고심했다.

그가 한 일은 제일 먼저 자신에게 질문을 던져 본 일이었다. 그리고 성인이 된 후 처음으로 그 해답을 얻을 수 있었다.

그때부터 그는 감방 안에서 성경을 읽기 시작했다. 그리고 그가 73세로 죽을 때까지 매일 영감과 신의 인도와 도움의 길을 찾기 위해 계속해서 성경을 읽었다.

그가 이렇게 태도를 바꾸자 행동도 바뀌었으며 그의 행동은 간수의 눈에 들고 호감도 사게 되었다. 그런데 어느 날 한 간수가, 전기 공장에서 일하고 있는 모범수가 3개월 이내에 출소한다는 소식을 그에게 알려주었다.

그러나 그때까지만 해도 찰리 워드는 전기에 관해서는 전혀 아는 바가 없었다. 그리하여 교도소 도서관에 있는 전기에 관한 책을 모조리 읽기 시작했다.

그로부터 3개월 후에는 찰리 자신의 준비는 완료되어 있었으므로 그 일을 지원하기에까지 이른 것이다. 그의 평상시 행동이나 진지한 어조는 교도소장에게 호감을 주었으므로 그는 드디어 그 일을 맡을 수가 있었다.

그 이후로 그는 적극적인 마음가짐을 갖고 일에 임함으로써 열다섯 명의 직원을 거느리는 교도소 내 전기 공장의 감독관이 되었다.

그러자 우연히 어떤 기회에 친구이자 동료를 얻을 기회가 생겼다. 미네소타주의 세인트폴에 있는 브라운 앤드 비디로 사의 사장 하버드 휴즈 비디로가 탈세 혐의로 찰리가 있는 교도소로 갇혀 왔을 때, 그는 비디로가 처한 환경에 적응할 수 있도록 여러 가지 도움을 주었다.

비디로는 이런 찰리의 우정과 협조를 고맙게 생각하고 출소하면서 이렇게 전했다.

"지금까지의 당신 우정에 깊이 감사하고 있소. 당신이 출소하거든 꼭 세인트폴로 오시오. 성의껏 당신을 맞이하겠소."

이렇게 헤어진 그들은 찰리가 5년의 형기를 마치고 출소했을 때 세인트폴에서 만났다. 그리고 비디로는 약속한 대로 찰리를 주급 25달러의 노무자로 일하게 해주었다.

여기서도 찰리에게 큰 도움을 준 것은 적극적 사고를 하는 일이었다. 따라서 적극적인 마음가짐으로 일하여 일 년 육 개월 후에는 노무 반장이 되었고, 다시 일 년 후에는 감독자가 되었다. 그리고 마침내는 부사장 겸 총지배인의 지위에까지 오를 수가 있었다.

비디로가 사망하자 찰리 워드는 브라운 앤드 비디로 사의 사장이 되어, 1959년 여름 그가 죽을 때까지 사장직에 머물러 있었다. 그리고 그가 그 직에 있기 전에는 삼백만 달러의 매상도 못 되던 것이 연간 오천만 달러로 상승하였다. 그리하여 비디로 사는 같은 업종 가운데서 손꼽히는 회사로 성장했다.

적극적인 사고와 어려운 처지에 처해 있는 사람을 돕겠다는 찰리의 마음가짐은 마음의 안식과 더불어 인생에 있어서 누구보다 가장 보람된 일을 할 수 있었다. 그 당시 미국 대통령이었던 루스벨트는 그의 모범적인 생활을 인정하고 그의 시민권을 복권(復權)해 주기도 했다.

그러나 그가 행했던 어느 것보다도 칭찬할 만한 일은 교도소에서 출소한 오십 명 이상이나 되는 남녀를 고용하고 엄격한 지도 아래에서 더욱 이해 있는 지도와 격려 아래 사회 복귀를 위해 노력하였다. 그러면서도 자기가 수형자였다는 것을 절대로 잊지 않았다. 그리하여 다른 사람들은 그의 팔뚝에 새겨진 옛날 교도소에서의 수형 번호를 쉽게 볼 수 있었다.

찰리 워드의 인생에 있어서 교도소에서의 생활은 그에게 큰 변화를 주었다. 만일 그가 예전의 그 환경에서 벗어나지 못하였다면 그의 인생은 어떠했었을까. 그러나 그는 인간의 가장 비참한 환경을 극복하고 자신을 바꾸는 데 도전했다. 그리고 거기서 적극적인 마음가짐을 배움으로써 개인적인 어떤 난관도 헤쳐 나갈 수 있다고 생각했다. 그런 까닭으로 그는 제2의 밝고 희망찬 세상을 이룰 수가 있었고, 더욱 훌륭하고 크나큰 인물이 될 수 있었다.

물론 세상의 모든 사람이 찰리 워드의 경우와 같지는 않겠지만 소극적인 마음가짐에서 적극적인 마음가짐으로 바꾼 행위 이외에도 우리가 배울 점이 많다.

"나는 잘못이라는 못된 동료와 손잡은 것입니다."

여기서 보더라도 좋지 않은 일은 전염성이 빠르므로 우리가 인간과의 관계에 있어서 가장 유의할 일이다. 나쁜 일이라고 느끼면서도 걷잡을 수 없는 일에 휘말리기 때문이다.

그러나 당신에게 직면하는 문제가 모두가 어려운 것만은 아니다. 때로는 사고방식의 전환만으로도 해결이 가능한 것도 있다. 성공하기 위해서는 실천을 동반한 오직 하나의 아이디어만으로도 만족할 수가 있다.

따라서 '문제가 생긴 것은 좋은 일이다.'라고 생각하고 역경에 대처해야 한다.

어려운 문제에 직면했을 때 그것을 이겨내는 법칙

모든 역경은 이에 대처하는,
더욱 커다란 이익의 가능성을 갖고 있다는 것을 기억하라.

일을 완수하는 비결

앞에서 설명한 문제에 직면한 경우에 이어, 여기에서는 문제 된 일을 완성하는 법을 깨닫게 될 것이며 만약에 지금 당신이 원하지 않는 일을 하고 있거나, 원하는 일을 할 수가 없을 때조차도 당신에게 큰 도움을 줄 것이다.

우리가 알고 있는 위대한 대부분 사람이 이 방법을 쓰고 있으므로 이 방법을 설명하고자 한다.

일을 완성하는 법을 당신 일생의 일부분으로 하려면 어떻게 해야 할 것인가.

그것은 습관에 의한 것이며, 그 습관을 되풀이함으로써 형성되는 것이다.

위대한 심리학자요, 철학자였던 윌리엄 제임스는 말하고 있다.

"행동의 씨앗을 뿌리면 습관의 열매가 열리고, 습관의 씨앗을 뿌리면 성격의 열매가 열리며, 성격의 씨앗을 뿌리면 운명의 열매가 열린다."

그는 당신이 만들어 내는 모든 것은 당신의 습관이라고 말하고 있지만, 당신은 당신의 습관을 자유로이 선택할 수가 있다.

만약에 당신이 바라는 어떤 습관을 몸에 익히고 싶다면 셀프스타터(self starter : 자발적으로 행동하는 사람)를 쓰면 될 것이다.

그렇다면 일을 완수하는 비결이란 도대체 무엇일까. 그리고 이 위대한 비결을 쓰는 것을 당신에게 강요하고 있는 셀프스타터란 무엇일까.

당신이 살아 나가는 동안 하려고 하는 일이 좋은 일이 아니면 '곧 시작하라!'라고는 절대 말하지 않을 것이다. 그리고 그 행위가 좋은 일이고 '곧 시작하라!'라는 말을 당신이 의식했을 때는 언제든지 곧 행동으로 옮길 일이다.

조그마한 일에 대해서도 '곧 시작하라!'라고 하는 것은 셀프스타터에게 답하는 것을 언제나 실천해야 한다. 그렇게 함으로써 당신은 반사(反射: 자극에 대한 반응)적인 감응의 습관을 재빨리 몸에 익히고 비상시나 기회가 왔을 때 곧 행동하게 될 것이다.

만약 당신의 집안에 아무도 없고 혼자 있을 때 방안의 전화벨이 울렸다고 하자. 그러나 당신은 귀찮은 생각과 본래부터 우물쭈물 하는 경향이 있으므로, 언제까지나 전화를 받지 않을 것이다. 그러나 '곧 시작하라!'라는 셀프스타터가 당신의 잠재의식으로 떠오르게 되면 당신은 곧 행동하게 된다. 그러므로 전화를 받게 될 것이다.

이렇게 일을 완수하는 비결을 배운 사람으로 H. G. 웰스란 사람이 있다. 그는 그것을 실행했기 때문에 많은 작품을 쓸 수 있었으며, 그에게 좋은 아이디어가 떠오르면 절대로 그것을 놓치는 일이 없었다. 그 아이디어가 그의 의식 속에서 생생하게 살아 있을 때의 생각을 곧 메모해 놓았다.

이와 같은 일은 한밤중에도 일어날 수가 있다. 그러나 웰스는 아무리 깊은 한밤중이라도 일어나서 언제나 그의 침대 곁에 놓여 있는 종이와 연필을 꺼내어 그것을 메모하고 나서야 잠을 청했다.

잠시 생각났다 곧 사라지는 아이디어라도 그것이 머리에 떠올랐을 때 곧 적어 두어 영감(靈感)의 번득임을 봄으로써 그 기억을 새롭게 하면 되살아나는 것이다. 웰스의 이러한 습관은 당신이 행복했던 시절을 생각하고 미소 짓는 것처럼 자연스럽고 무리하지 않게 행해지는 현상이다.

일부의 사람들에게는 우물쭈물하는 습관이 있다. 그 때문에 일에 뒤지거나, 열차를 놓치는 일도 있으며 또는 좀 더 중요한, 그들의 인생을 좋은 것으로 바꿀 기회를 놓쳐 버리는 수도 있다. 누구인가 그 시기에 필요한 일을 연기했기 때문에 전쟁에 패한 예를 우리는 역사에서도 종종 볼 수가 있다.

우리는 셀프스타터가 제2차 세계대전 때 한 전쟁 포로에게 어떠한 의미가 있었는가를 실화를 통해서 이야기해 줌으로써 그들을 자극하기도 한다.

★
전쟁포로에게 있었던 셀프스타터의 의미

제2차 세계대전 중 일본군이 마닐라에 상륙했을 때 케네스 E. 하면은 군무원으로서 필리핀의 해군에 근무하던 중 체포되어 2일간 호텔에 억류당한 뒤 포로수용소로 보내졌다.

그가 수용소로 들어간 첫날, 같은 방에 있는 사람이 베개 밑에 한 권의 책을 가진 것을 보았으므로 그에게 책을 빌려주기를 바랐다. 그것은 '생각하라, 그러면 부자가 될 수 있다.'라는 책이었다.

그때까지의 그는 절망감에 휩싸여 있었다. 수용소 속에서 일어날 수 있는 고통과 학대, 심지어는 죽음까지를 생각하고 공포에 떨고 있었다. 그러나 그 책을 읽어 내려가는 동안에 그는 희망을 품게 되었다.

그는 그 책을 자기 것으로 만들고 싶다는 강한 욕망을 가지고 수용소의 다른 친구들과 그 책의 이야기를 하는 사이에 그 책이 원래의 소유자에게도 중요한 의미가 있음을 깨닫게 되었다.

그리하여 그는 그에게 이렇게 말했다.

"이것을 베낄 수 있게 빌려줄 수 없겠소!"

"좋아요, 시작하시오."

이러한 대답을 듣고 난 케네스 하면은 일을 완성하는 법을 행동으로 옮겼고 맹렬한 기세로 타이핑하기 시작했다. 언제 이곳에서 다른 수용소로 이동하게 될지도 모른다는 생각에 불안한 마음으로 그 일에 몰두하게 되었다.

그러나 그렇게 해치운 그 일은 매우 잘한 일이었다. 그가 마지막 페이지를 다 타이핑한 후 채 한 시간도 되지 않아서, 일본군은 그를 악명 높은 세인트 토머스의 포로수용소로 옮겼기 때문이다. 그가 늦지 않게 일을 끝낼 수 있었던 것은 시기를 잘 맞추어 일을 시작했기 때문이었다.

그는 포로 생활을 했던 3년 1개월 동안 그 원고를 소중히 간직하고 있었다. 그리고 몇 번인가 되풀이해서 그 책을 읽었기 때문에 어느새 그것은 그의 사상의 양식이 되어 있었다. 때로는 그를 격려하여 용기를 내게 해주고, 정신적·육체적 건강을 갖게 해주었으며, 장래의 계획을 세우는 데 도움을 주었다.

그가 수용된 세인트 토머스의 포로의 대부분이 영양 부족과 공포 때문에 육체적·정신적으로 불치의 병을 앓고 있었지만, 그의 경우는 예외였다.

"나는 처음 그곳에 들어갈 때보다 더욱 인생에 대한 새로운 준비가 되어 있었고 더욱 새롭고 또렷한 정신력을 가지고 세인트 토머스를 나왔다."

그가 술회한 것처럼 다음 말을 통해 그의 사고방식을 알 수 있을 것이다.

"성공은 끊임없이 실행되어 있지 않으면 안 된다. 그렇지 않았다가는 그것은 우리가 느끼지 못하는 사이에 이미 우리에게서 멀어진다."

지금 이 순간부터라도 적극적으로 행동할 때이다. 일을 완성하는 법은 사람의 마음가짐을 소극적에서 적극적으로 바꿀 수가 있기 때문이다. 그러므로 당신에게는 우울했던 날이 즐거운 날로 바뀌게 될 것을 확신한다.

★

우울함이 즐거움으로! 지금이 그때이다

코펜하겐 대학생이었던 조지 줄라르는 어느 해 여름, 관광객을 안내하는 아르바이트를 한 적이 있었다. 그는 급여와는 상관없이 일을 잘했으므로 시카고에서 온 몇몇 관광객이 그가 미국으로 여행할 수 있도록 절차를 밟아주었다. 여행 일정에는 시카고로 가는 도중에 워싱턴에서 관광하는 것도 짜여 있었다.

워싱턴에 도착한 조지는 예약해 놓은 윌아드 호텔에 묵게 되었다. 그의 웃옷 주머니에는 시카고행의 비행기 표가, 그리고 바지 뒷주머니에는 여권과 돈이 들어 있는 지갑이 들어 있었다. 그런데 그 순간 즐거운 관광여행이 엉망이 될 정도로 큰 사건이 일어났다.

그동안 까마득히 모르고 있다가 그가 막 침대에 들어가려 할 때 지갑이 없어졌다는 사실을 알아차린 것이다. 놀란 그는 아래층 프런트까지 뛰어 내려갔다.

'힘 닿는 데까지 성의껏 찾아보겠습니다.'라는 지배인의 말을 들긴 했지만, 다음 날 아침이 되어서도 지갑은 그에게 돌아오지 않았다. 다만 조지의 주머니에는 겨우 2달러밖에 남아 있지 않았다.

여행길에 나선 사람이, 그것도 낯선 외국에 외톨이로 남으면 어찌하면 좋을까? 시카고에 있는 친구에게 전보를 쳐서 이 위급한 사실을 알리면 어떨까? 또 덴마크 대사관에 가서 여권을 잃어버렸다고 말하고 도움을 청하면 안 될까? 차라리 경찰서에서 무슨 소식이 올 때까지 앉아 있을까?

이런저런 궁리 끝에 갑자기 그는 이렇게 생각하였다.

'아니다. 이제까지의 생각은 내가 취할 성질의 것이 못 된다. 나는 워싱턴을 구경할 것이다. 나의 일생에 이런 기회가 두 번 다시 올 것인가. 나는 이 커다란 도시에서 내 인생의 귀중한 하루를 갖는 것이다. 지금 나에게는 오늘 밤 시카고까지 갈 수 있는 표가 있으니 그다음부터라도 돈과 여권 문제를 해결할 시간은 충분히 있을 것이다. 그러나 지금 내가 워싱턴을 구경하지 않는다면 두 번 다시 관광할 기회는 없을 것이다. 우리나라에서는 몇 마일씩이나 걸어서 여행한 적도 있으니까 여기서도 그 방법을 이용하자.'

이렇게 생각한 그는 더욱 마음을 다져 먹었다.

'나는 지갑을 잃기 전의 어제와 똑같은 마음가짐으로 관광에 나선다. 나는 어제 행복했었다. 나는 지금도 행복해야 한다. 이렇게 워싱턴까지 와서 이 위대한 거리에서 휴일을 즐길 수 있는 특권을 가지고 있으니까. 이후로는 지갑을 잃어버린 불행을 끄집어내는 일로 시간을 낭비하는 그런 어리석은 짓은 하지 않을 것이다.'

그리고 그는 의기양양하게 호텔 문을 나섰으며, 걸어서 백악관과 의사당을 둘러보았다. 대박물관도 보았으며, 워싱턴 기념탑 꼭대기에도 올라갔다. 또 엘링턴 묘지와 그 밖에 그가 보고 싶다고 생각했던 장소에는 비록 다 가보지는 못했지만 구경한 곳은 매우 유심히 보았다. 그의 호주머니에 남아 있던 2달러의 돈으로 땅콩과 캔디를 사서 공복을 참기 위해 그것을 핥기도 했다.

만일 조지가 여권과 지갑을 잃어버린 일을 불행이라 생각하고 일을 완성하는 법을 쓰지 않았다면 그날은 조지 줄라르로서는 영원히 헛되게 보내 버린 하루였을 것이다.

이 이야기를 매듭지음에 있어서 덧붙여 말해 둘 것은 조지가 여러 의미 있는 여행을 마치고 돌아오는 동안 잃었던 지갑과 패스포트도 그의 손에 돌아왔다.

★

현재의 수입에서 배로 늘릴 방법을 깨달아라

클레멘트 스토운은 일곱 명의 회사 간부와 함께 국제 판매 간부 협회의 대표로서 아시아 태평양 지역을 여행했었다. 그는 오스트레일리아 멜버른의 비즈니스맨 그룹에서 연설했다. 그때가 11월 중순의 어느 화요일이었고 연설의 제목은 '어떻게 동기를 유발해 행동할 것인가'였다. 그리고 다음 목요일 밤, 그는 전화를 받게 되었는데, 그것은 금속제의 캐비닛을 팔고 있는 어느 지배인으로 에드윈 H, 이스트라는 사람에게서 온 것으로 그는 매우 흥분하고 있었다.

"놀랄 만한 일이 일어났습니다. 그것을 선생님에게 말씀드린다면 아마 선생님도 저처럼 열광하시리라고 생각합니다."

"말씀해 보십시오. 도대체 어떤 일이 일어난 것입니까?"

"굉장한 일입니다. 선생님이 화요일에 연설하실 적에 동기 유발에 관한 말씀을 하셨죠? 그리고 말씀 가운데서 선생님은 사람을 분발시키는 책을 10가지 추천하셨지요. 저는 그중에서 '생각하라, 그러면 부자가 될 수 있다'라는 책을 사서 그날 밤부터 읽기 시작했습니다. 그날 밤늦게까지 그것을 읽었고 다음 날 아침에도 그것을 다시 읽기 시작하고, 그러고 나서 한 장의 종이에다 다음과 같은 것을 적었습니다. '나의 뚜렷한 목표! 올해는 작년 매상고의 두 배를 올리는 일'이라고, 그러나 놀란 것은 그로부터 48시간 이내에 그것을 해낸 사실입니다."

"어떻게 해서 그 일을 해내셨습니까? 어떻게 해서 수입을 두 배로 올렸습니까?"

이런 물음에 대한 이스트의 대답은 이러했다.

"동기 유발에 관한 말씀 가운데서 선생님은 위스콘신주에 있던 선생님의 부하 세일즈맨 앨런이 어떻게 해서 어느 거리에 나가서 물건을 팔았는가를 말씀하셨죠? 그때 선생님은 앨런이 온종일 일해도 얻는 것이 하나도 없었던 것이 마침내 행운을 가져오게 했다고 말씀하셨습니다. 그날 밤에 선생님은 이렇게 말씀했습니다. 앨런은 사람을 분발시키는 불만을 폭발시켰던 것이라고, 그는 다음날에는 손님들을 다시 한번 찾아다니며 다른 친구들이 하려면 1주일 걸리는 것보다도 더 많은 보험을 팔아 보겠다고 결심한 것이었습니다."

"그 앨런의 경우와 같은 일이 당신에게도 일어났습니까?"

"네, 선생님은 앨런이 어떻게 해서 똑같은 거리를 돌아다녔는가를 말씀하셨죠. 그는 똑같은 사람들을 두 번 방문해서 66계좌나 되는 신규 상해보험을 팔았던 것입니다. 또 저는 선생님이 하신 말씀을 기억하고 있습니다. '그것은 도저히 불가능한 일이라고 생각될지도 모르겠습니다. 그러나 앨런은 거침없이 그 일을 해냈습니다.' 저는 그 말씀을 믿었습니다. 그리고 그 일이 저에게도 가능하다는 생각이 들었습니다."

"그래서 그 방법을 당신의 사업에 이용하셨습니까?"

"저는 선생님이 가르쳐 준 셀프스타터의 '곧 시작하라!'라는 말씀을 생각해내고는 고객 카드가 있는 곳으로 가서 세일즈가 안 되었던 10명의 고객을 분석해 보았습니다. 그리고 그 이전에는 매우 귀찮은 생각이 들어 실행하지 않았던 일을 했습니다. 그리고 '곧 시작하라!'라는 말씀을 여러 번 되풀이해 보았습니다. 그다음에 저는 적극적인 마음으로 이 10명의 고객을 찾아가서 그중 8명에게 큰 세일즈를 했습니다. 세일즈맨의 파는 방식에도 PMA, 그 힘을 이용하면 놀라운 효과가 있다는 것은 매우 특기할 만한 일이었습니다."

에드윈 H. 이스트가 동기 유발에 관한 이야기를 들었을 때 그의 마음에는 이미 준비가 되어 있었다. 그는 자기에게도 적용할 수 있다는 말에 자신을 갖기 시작했다.

이 글을 읽고 있는 당신에게도 '곧 시작하라!'라는 셀프스타터를 가르쳐 주었으면 한다. 곧 실행에 옮기는 결심을 함으로써 우리가 예기치 않았던 꿈조차 실현되는 일이 있으니까 말이다.

★
사업과 취미 생활을 병행하도록 힘써라

맨레 스위디라는 사람은 사냥과 낚시를 매우 좋아했다. 그가 바라고 있는 멋진 생활이란 사냥총을 가지고 숲속을 50마일이나 헤치고 들어가서 2~3일 후에는 피로와 긴장감으로 진흙투성이가 되어 돌아오는 일이었다.

그가 그의 오락을 즐길 수 없는 가장 큰 이유의 하나는 그의 직업이 보험 세일즈맨으로서 그 일에 너무 많은 시간을 뺏기고 있다는 결점이었다.

어느 날의 일이었다. 그가 낚시를 간 호숫가를 떠나 어느 거리로 돌아오려 할 때, 번뜩이는 아이디어가 하나 떠올랐다.

아무리 거친 들판 속에라도 보험이 있어야 하는 사람들이 살고 있다고 생각할 수는 없는 일인가? 만일 그런 경우가 있게 된다면 나는 일하면서 동시에 취미 생활도 살릴 수 있지 않을까?

이런 생각을 한 스위디는 실제로 그런 그룹의 사람들과 만날 수 있었다. 그것은 알래스카 철도에서 일하고 있는 사람들로서 이 사람들은 100마일이나 되는 선로 가에 흩어져서 살고 있었다.

그렇다면 이와 같은 철도원, 거기다가 그 연선(沿線)에 있는 사냥꾼이나 금광의 광부들에게 보험을 팔 수는 없는 것일까? 이 아이디어가 떠오른 날 스위디는 적극적인 계획에 돌입했다. 그는 여행 안내소 직원과 의논한 뒤 짐을 꾸리기 시작했다.

그는 분주하게 그 일을 진행함으로써 혹시나 실패할지도 모른다는 공포를 지워 버리는 데 노력했다. 그것을 고심하기 전에 그곳으로 떠났다.

그가 '맨발의 스위디'라는 별명을 얻어가며 철도를 따라 몇 번이나 돌아다닌 결과 그들을 보험에 가입시켰을 뿐만 아니라 외부세계의 대표자로서 환영받는 위치에까지 이른 것이다.

그는 자신의 능력껏 할 수 있는 조그마한 일로써 그들에게 감사함을 표했다. 머리를 무료로 깎아 주기도 했고 요리 강습도 했다. 독신 남자들의 대부분이 베이컨과 통조림밖에 먹고 있지 않았기 때문에 그의 요리 솜씨는 크게 환영을 받았다.

그리고 그는 그동안에도 개인적으로 하고 싶은 일도 잘 해내고 있었다. 언덕을 넘어 사냥도 하고 낚시질도 했으며 그가 멋있다고 생각한 일들을 실천에 옮기고 있었다.

그때의 생명보험업계에는 연간 100만 달러 이상의 보험을 판 사람에게 수여되는 특별한 명예의 자리가 있었다. 그것은 '100만 달러 그룹'이라고 불리고 있는 것으로써 거의 믿기 어려운 일이 스위디에게 일어났다.

충동적으로 행동하여 알래스카의 광야로 뛰어나가서 누구도 주목하지 않았던 철도를 돌아다닌 그는 100만 달러 이상의 일을 했으며, 그 결과 단지 1년 만에 '100만 달러 그룹'에 들어가게 되었다.

만약에 그가 터무니없는 아이디어가 떠올랐을 때, 일을 완수하는 법을 주저하고 있었다면 이러한 결과는 일어나지 않았을 것이다.

'곧 시작하라!'라는 셀프스타터를 기억해 둘 일이다. 그것은 당신의 인생에 어느 면에서라도 영향을 줄 수가 있다. 그리고 주저하게 되는 일에 관해서 자신을 갖게끔 도와줄 것이다.

또 그것은 맨레 스위디가 했던 것처럼 당신이 하고자 하는 일을 도와줄 수도 있다. 그것은 한 번 잃으면 다시 얻기 어려운 순간을 잡는 데도 도움이 된다.

때때로 자신에게 편지를 써라

하나의 아이디어가 떠오르면 곧바로 책상 앞에 앉아서 자신에게 편지를 써서 당신이 언제나 하고자 했던 일들을 마치 그것이 완성된 것처럼 알리는 것이다. 전기 작가가 뛰어난 사람의 업적을 쓰는 것 같은 태도로 써 나가는 것이다.

그러나 그것뿐으로 그쳐서는 안 된다. 일을 완성하는 법을 쓰면서, '곧 시작하라!'라는 셀프스타터에 대답하는 것이다.

혹시 기억해 두고 싶은 것은 당신이 무엇이든 그 일에는 관계없이, 만일 당신이 적극적인 마음가짐으로써 행동한다고 한다면 당신이 원하는 것이 될 수 있다는 것이다.

'곧 시작하라!'라는 자기 자신에게 동기를 유발하는 데 중요한 말이다. 그것은 '당신 자신에게 동기를 유발하는 법을 터득하라'라고 제목을 설정한 다음, 수록할 내용의 원칙을 이해하고 적용하기 위한 중요한 걸음걸이가 될 것이다.

어떤 아이디어가 떠올랐을 때의 그것을 처치하는 법칙

곧 시작하라!

보는 방법을 배우자

조지 W. 칸벨은 태어날 때부터 시각장애인이었다. 이를 진단한 의사는 선천적 백내장이라고 말했다. 조지의 부친은 믿을 수 없어 의사를 바라보며 물었다.

"무슨 방법이 있을까요. 수술이라도 해서 고칠 수는 없을까요?"

"그렇습니다. 지금 같아서는 이 병을 고칠 방법은 전혀 없습니다."

그러나 조지 칸벨은 아직 어린 나이였으므로 자신이 무엇이 빠져 있는지 알지 못했다.

조지가 9세가 되었을 때, 이해할 수 없는 기이한 일이 일어났다. 어느 날 오후 그는 다른 아이와 함께 놀고 있었고, 같이 놀던 다른 아이는 조지가 눈이 먼 사실을 잊고 그에게 공을 던졌다.

"비켜! 공에 맞는다!"

다행히 공은 조지에게 맞지 않았지만, 일생에 다시는 일어나지 않을 것 같은 아주 당황했던 일이 일어났다.

　그런 일이 있고 난 후 얼마 안 되어 조지는 어머니에게 이렇게 물었다.

　"빌은 왜 나에게 공에 맞는다고 소리쳤고, 어떤 일이 일어나려 하고 있는지를 알고 있었을까요?"

　어머니는 한숨을 쉬었다. 그것은 그녀가 두려워하고 있던 일이 드디어 찾아왔기 때문이었다. 지금이야말로 조지에게 '너는 시각장애인이다.'라고 알리지 않으면 안 될 때에 이른 것이다.

　"앉아라, 조지"

　그녀는 아들의 손을 잡고 다정스럽고 부드럽게 말했다.

　"나도 잘 설명할 수 없고 너도 잘 알아듣지 못할지도 모르지만, 이렇게 말하면 알겠지."

　그리고 상냥하게 아들의 조그만 오른손을 자기 손에 꼭 쥐고 그 손가락을 헤아리기 시작했다.

　"하나, 둘, 셋, 넷, 이 손가락은 오감(五感)이라 일컫고 있는 것과 똑같단다."

　그녀는 자신의 엄지와 검지 사이에 아들의 손가락을 끼고 설명을 하면서 하나하나 만져갔다.

　"이 작은 손가락은 듣기 위해서 있는 것(廳), 이 작은 손가락은 만지기 위해서 있는 것(觸), 이 작은 손가락은 냄새를 맡기 위해서 있는 것(嗅), 이것은 맛을 보기 위해서 있는 것 (味)이란다."

여기까지 설명하고 난 그녀는 잠깐 주저하다가 말을 이었다.

"그리고 나머지 이 작은 손가락은 보기 위해서 있는 것(視)이란 다. 이 다섯 개의 손가락처럼 저마다 오감이 머리에 있는 뇌 신경에 신호를 보내게 되어 있단다."

그리고 그녀는 '보기 위해서라고 부른 새끼손가락'을 접어 조지의 손바닥에 붙도록 구부렸다.

"조지야, 너는 다른 아이들과는 달라."

그녀는 설명했다.

"너는 네 개의 손가락밖에 가지고 있지 않은 것처럼 네 개의 감각밖에 쓸 수가 없단다. 듣는 것, 만지는 것, 냄새 맡는 것, 맛보는 것은 할 수가 있지만 보는 감각은 가지고 있지 않아, 지금 어떤 일을 해서 보여 주마. 잠깐 일어서라."

그녀가 상냥히 말하자 조지는 일어섰다. 어머니가 공을 들었다.

"자, 이걸 붙잡을 수 있도록…… 손을 내밀어 봐라."

조지는 손을 내밀었다. 그리고는 자기 손가락에 딱딱한 공이 닿는 것을 느꼈다.

"잘한다. 잘했어."

어머니는 말했다.

"네가 지금 한 것을 잊지 말아라, 조지야. 너는 다섯 개의 손가락 대신에 네 개의 손가락으로 공을 붙잡을 수가 있는 것처럼 충실하고 행복스러운 생활을 붙잡을 수가 있어."

조지의 어머니는 이렇게 손가락에 비유해서 이야기했다. 이런 단조로운 이야기의 방법으로 사람 사이의 생각을 전달하는 수단이 될 수가 있다는 것이다.

조지는 다섯 손가락 대신에 네 손가락으로 하는 상징적인 일을 잊은 적이 없었다. 그런 마음가짐은 그에게 희망의 상징을 의미했다. 그리고 그가 자기의 핸디캡 때문에 용기가 꺾였을 때는 언제나 자기에게 용기를 주는 용구(用具)로써 이 상징을 생각했다. 그런 모든 것들이 그에게는 일종의 자기암시가 되었다.

그는 다섯 손가락 대신, 네 손가락으로 하는 말을 몇 번이고 되풀이했으며 필요하다고 느낄 때는 언제든지 그것이 그의 잠재의식에서 의식의 표면에 떠올라 왔다.

그 후 고등학교에 다니고 있던 도중 조지는 병에 걸렸으므로 입원하지 않으면 안 되었다. 조지가 퇴원할 무렵에 그의 부친이 어느 의료단체에 문의해 본 결과 선천적 백내장이 치료될 수 있다는 소식을 가지고 왔다.

그러나 성공의 가능성 쪽이 실패할 가능성보다도 훨씬 적었다.

그 후 9개월 동안에 양쪽 눈에 2회씩 모두 4회의 까다로운 외과 수술을 받았다. 조지는 수술을 받은 후 며칠 동안을 두 눈에 붕대를 하고 병실에 있었다.

드디어 붕대를 풀어도 좋은 날이 다가왔다. 의사는 천천히 주의 깊고 세심하게 조지의 머리둘레와 두 눈 위에서부터 붕대를 풀어 나갔다.

그 순간까지 조지는 아직 시각장애인이었다.

일순간 정적이 흐르고, 그다음에 의사가 침대 곁을 떠나는 소리를 들었다. 무엇인가가 그의 두 눈 위에 비쳐왔다.

"어때, 보이나?"

의사의 질문이 들렸다.

그는 베개에서 약간 머리를 쳐들고 앞을 보았다. 희미한 빛에 색깔의 사물이 묻어 왔다. 그것은 색깔이 있는 사물의 모양이요, 모습이었다.

"조지!"

외치는 소리가 들려 그쪽을 돌아본 조지는 그 목소리의 주인공을 볼 수가 있었다. 그것은 어머니의 모습과 목소리였다.

조지는 18년이란 인생 속에서 처음으로 자기 어머니를 보았다. 거기에는 피로한 눈, 주름 잡힌 62세의 얼굴, 거친 손이었지만 그녀는 누구 못지않게 아름다운 모습이었다.

그에게 있어서 그녀는 천사였다. 고생과 인내의 세월, 교육과 계획의 세월, 그의 눈이 되어 지낸 세월, 사랑과 감동, 그것이 조지가 이 세상눈으로 본 최초의 것이었다.

지금까지 그는 최초로 본 자기 어머니의 인상을 마음속에 간직하고 있다. 그리고 이 사실로 당신도 알 수 있듯이 그는 그 최초로 보았던 것으로 인하여 시각(視覺)에 감사하는 것을 배웠다.

"그런 상황이 되지 않고서는 아무도 보는 것의 기적을 이해할 수 없습니다."

그는 술회하고 있다.

★
눈으로 보는 것은 마음이 판단

조지는 이렇게 지적하고 있다.

"우리가 눈으로 보는 것은 항상 마음의 판단입니다. 우리는 우리가 보는 것을 해석하기 위해서 마음을 훈련하지 않으면 안 됩니다."

이 견해는 과학에 의해서도 백업(back up)되고 있다. 사무엘 렌쇼 박사는 '보는 것의 심리과정'을 설명한 자리에서 다음과 같이 말하고 있다.

"본다는 과정 대부분이 눈에 의해서만 되는 것은 아니다. 눈은 마치 손을 내밀어서 물체를 붙잡고 그것을 머릿속에 기억하는 그런 작용을 하는 것이다. 거기서 뇌는 그 물체를 기억하게 인도한다."

사람 중의 일부는 우리 둘레에 있는 추함이나 아름다움을 거의 보는 일 없이 그 생애를 보내고 있다. 따라서 우리는 눈이 뇌의 심리과정을 통하여 우리에게 주는 정보를 파악하고 있지 않다. 그 결과, 우리는 종종 어떤 일을 보면서도 실은 보지 않는 결과가 일어나는 것이다.

과연 당신은 마음의 시력을 체크해 본 일이 있는가? 육체의 시력을 체크하는 것은 전문의사의 일이지만 마음의 시력도 육체 시력과 마찬가지로 비뚤어지는 일이 있다. 그렇게 되면 당신은 그릇된 생각의 안개 속을 가는 것이 되고 필요 없이 당신 자신이나 타인에게 상처를 입히게 된다.

정신적으로 근시인 사람은 그 주위에 없는 대상이나 가능성을 빠뜨리고 보아 넘기려는 경향이 있다. 그런 사람은 곧 눈앞에 있는 문제에만 주의하고 미래를 생각함으로써 손에 들어오는 기회에 대해서는 거의 맹목적인 것이다. 만일 당신이 계획이나 목표 또는 장래를 위한 기초를 닦지 않는다면 당신은 정신적인 근시이다.

한편 정신적으로 원시인 사람은 곧 눈앞에 있는 가능성을 빠뜨리고 보는 경향이 있으므로 손 가까이 있는 기회를 보지 않는다. 이런 사람은 현재와는 아무런 관계도 없는 미래의 꿈의 세계만을 그리고 있다.

이와 같은 사람은 한 걸음씩 위로 올라가는 대신에 한꺼번에 정상으로 뛰어 올라가려 하여 발밑에 구덩이를 파는 결과를 낳게 될 수도 있다.

보는 것을 인정하라

보는 것을 배우는 과정에서 당신은 주위를 보는 눈과 먼 곳을 보는 눈, 양쪽을 다 몸에 지녀야 한다고 생각할 것이다. 그러므로 자기 바로 앞에 있는 것을 보는 방법을 터득하고 있는 사람의 이익은 대단히 크다.

몬태나의 더비에 살고 있던 사람들은, 오랫동안 크리스털 산이라 부르고 있던 산을 쳐다보며 지내고 있었다. 그 산은 침식 작용 때문에 바위 소금처럼 보이는 크리스털(유리)의 광맥을 노출하고 있었으므로 이렇게 불리고 있었다.

1937년에 그 광상(鑛床)이 드러난 첫머리 부분까지는 길을 내었지만, 누구인가가 그 반짝이는 물질의 한 조각을 주워서 실제로 그것에 관심을 가지고 관찰한 것은 그로부터 14년이 지난 1951년의 일이었다.

칸네와 토프슨이라는 더비의 주민이 거리에 진열되어 있던 광물의 컬렉션을 본 것은 바로 그해의 일이었다. 그 광물의 진열 속에 녹주석(綠柱石 : 6각 주상의 광물)의 견본이 있었는데, 거기에 설명된 카드에 의하면 그것은 원자력 연구에 쓰이는 것이었다.

칸네와 토프슨은 흥분하여, 곧 크리스털 산의 채광권을 손에 넣었다. 토프슨은 광석의 견본을 광산국에 보내고 그와 동시에 광석의 광상(鑛床)을 보기 위해 검사관을 파견해 달라고 요청했다.

그해 연말 무렵이 되어 광산국은 불도저를 산 위까지 운반해 올려 그것이 정말로 귀중한 베릴륨(金屬元素)의 세계 최대 광산인가를 검사하기 위해서 노두(露頭)의 속까지를 파내기 시작했다. 결국에는 대형트럭이 그 산에 올라가 극도로 무거운 광석을 아래까지 운반해 내리는 한편, 산 밑에서는 US 스틸 사와 합중국 정부의 대표자가 그 귀중한 광석을 손에 넣고자 돈을 들고 기다리고 있는 상황에까지 이른 것이다.

이렇게 된 것은 어느 날 두 젊은이가 눈으로 관찰했을 뿐만 아니라 그들 마음으로 보는 수고를 마다하지 않았기 때문이다.

이렇게 한 결과로 그들은 억만장자로의 길을 걸었다.

★
창조적인 눈으로 보아라

심리적으로 원시인 사람이라면 칸네와 토프슨이 한 것 같은 일을 하지는 못했을 것이다. 왜냐하면, 그는 자기 발밑에 놓여 있는 이익에만 눈이 어둡고 먼 곳에 있는 가치를 볼 수 없기 때문이다.

지금부터라도 당신의 눈앞에 행운이 뒹굴고 있지는 않은지 주위를 잘 살펴볼 일이다. 당신이 집안일을 하며 돌아다니고 있을 때 무엇인가 작은 초조감의 원인이 되는 것과 부딪히는 일이 없는가? 아마도 당신은 그것을 극복하는 방법, 당신의 경우만이 아니라 다른 사람에게도 도움이 되는 그런 방법을 발견해낼 수가 있을 것이다.

이처럼 가정에 필요한 일을 함으로써 재산을 만든 사람도 많이 있다. 머리핀을 발명한 사람도 그랬고, 종이를 집는 클립을 연구한 사람도 그랬다. 지퍼를 발명한 사람도 역시 그러했다. 그러므로 당신의 주위를 잘 살펴보아 두는 것을 배울 일이다. 어쩌면 당신은 당신의 집 뒤뜰에서 다이아몬드의 광맥을 발견할지도 모른다.

그러나 정신적인 근시도 정신적인 원시의 경우와 마찬가지로 문제가 있다. 이와 같은 사람은 바로 눈앞에 보이는 것만을 보고 조금 먼 곳에 있을 가능성은 전혀 알아보지 못한다. 그리고 계획의 힘을 이해 못 하는 사람이다. 아울러 생각하는 시간이라는 것의 가치를 이해 못 하는 사람이다.

그런 사람들은 자기에게 직접 부딪히는 문제에 지나치게 집착하고 있으므로 새로운 기회를 찾아보다 큰 관념의 인상을 붙잡기 위해서 노력하는 마음의 여유를 가지고 있지 않은 것이다.

★
마음으로 보는 눈을 가져라

당신에게 직면한 문제에 대해 당신 자신이나 남에게 질문을 해보는 것은 당신에게 큰 이익을 가져다줄지도 모른다. 그렇게 한 결과로 세계적으로 위대한 과학적 발견의 하나가 이루어졌다.

어떤 영국인이 한 할머니의 농장에 휴가를 즐기려고 와서 아주 편히 쉬고 있었다. 그런데 그의 눈앞에서 한 알의 사과가 땅에 떨어지는 것을 보았다.

"왜 사과나무의 사과가 땅에 떨어지는 것일까?"

그는 스스로 물어보았다.

"땅이 사과를 끌어당기는 것일까? 사과가 대지를 끌어당기는 것일까? 아니면 양자 서로가 끌어당기는 것일까? 거기에 있는 보편적인 원리는 무엇일까?"

고등수학을 공부하던 그 학생은 여러 가지로 생각한 끝에 하나를 발견했다.

드디어 그는 구하고 있던 답을 발견했다.

"대지와 사과는 서로 끌어당기고 있다. 그리고 '물체와 인력의 법칙'은 우주에 적용되는 것이다."

이렇게 하여 뉴턴은 '만유인력의 법칙'을 발견한 것이다. 이것은 그의 관찰력이 날카롭게 관찰한 결과 답을 찾았기 때문이다. 따라서 생각한다는 것은 마음으로 보는 일이다.

행동해야 한다

보는 능력이란 것은 눈의 망막을 통하여 빛을 붙잡는다는 말이다. 우리는 많은 사람이 지각(知覺)을 썼으므로 성공한 예를 보고 있다. 그것은 당신이 보는 것을 해석하고, 그 해석을 당신의 인생과 타인의 생활에 적용하는 기술인 것이다.

보는 것을 터득함으로써 당신이 이제까지 존재한다고는 꿈에도 생각지 않았던 그런 기회를 포착할 수가 있을 것이다. 그러나 성공하기 위해서는 정신적인 지각에 대한 것을 알고 있는 이상으로 적극적인 마음가짐을 갖는 것이 중요하다.

또 당신은 당신이 배운 것을 실행하는 것도 배우지 않으면 안 된다. 행동이 중요한 것은 행동함으로써 당신이 계획한 일을 완수할 수가 있기 때문이다. 그러기 위해서는 기다릴 필요 같은 것은 조금도 없다. 다만 자신에게 행해진 일을 완수하는 법을 잘 파악하고 있으면 되는 것이다.

언제나 사물을 주시하고 보는 눈을 기르는 법칙

성공하기 위해서는 마음으로부터 보는 눈을 가져야 한다.

사람을 움직이는 법을 깨달아야 한다

사람을 행동시키는 효과적인 방법을 아는 것은 중요한 일이다. 당신은 살아 있는 한 당신이 사람들을 움직이고, 그들이 또 당신을 움직이는 이중 역할을 계속해서 연출하는 것이다.

선생과 학생, 어버이와 자식, 세일즈맨과 손님, 주인과 하인 등등 당신은 이러한 경우에서의 저마다의 역할을 담당하는 것이다.

다음의 이야기로써 우리는 어린아이가 어른인 아버지를 움직이는 방법을 깨닫게 될 것이다.

어느 크리스마스 날 세 살 된 어린아이가 맛있는 음식을 잔뜩 먹고 난 뒤에 아버지와 함께 거리를 거닐고 있었다.

그들이 100여 미터쯤 걸어갔을 때 어린아이는 발길을 멈추고 미소 지은 얼굴로 아버지를 올려다보았다.

"아빠……."

아이가 머뭇거렸다.

"뭐?"

아버지가 묻자 어린아이는 잠시 주저하다 이렇게 말을 계속했다.

"아빠, 아빠가 만일 내 다리라면……."

이와 같은 붙임성을 누가 마다할 수 있겠는가? 철없는 어린아이라도 아버지가 행동하도록 동기를 유발할 수 있다.

물론 아버지가 어린아이의 마음을 움직일 수도 있다. 어린아이에게 신뢰하는 것은 그에게 자기에 대한 자신을 심어놓는 것이 된다.

어린아이가 자기는 잘할 수 있고, 확고한 신뢰에 싸여 있다고 생각할 때에는 사실 생각하고 있는 그 이상으로 잘하는 법이다. 그는 실패의 손해에서 자기를 지키기 위해 감정의 에너지를 낭비하는 것으로 그친다. 그리고 그 대가로 성공의 보수를 손에 넣기 위해 에너지를 쓰게 된다. 그의 방어는 헐거워지고 팔은 내려지며, 신뢰는 그의 능력 위에 적당한 효과를 미치고 그의 마음속에 있는 최선의 것을 끄집어내게 되는 것이다.

그러니까 당신도 그들에게 신뢰를 갖추는 것으로써 사람들을 움직일 수가 있을 것이다.

신뢰는 정확히 말한다면 적극적인 것이지 소극적인 것은 아니다.

당신이 상대에게 신뢰를 전하려고 애쓰지 않으면 안 된다.

'나는 당신이 이 일에 성공한다는 것을 알고 있습니다. 그러니까 나는 이렇게 말할 수 있는 것입니다. 우리는 여기서 당신을 지켜보고 있습니다.'라고 말하지 않으면 안 된다.

신뢰는 편지로 표현할 수도 있다. 사실 편지는 사람의 생각을 서술하여 타인의 마음을 움직이게 하는 데 뛰어난 도구이다.

편지를 쓰는 사람은 누구나 암시 때문에 그것을 받는 사람의 잠재의식에 작용을 미치게 할 수가 있다. 물론 이 암시의 힘은 몇몇 요소에 의해 좌우되고 있기는 하다.

만약 당신의 아들이나 딸이 먼 곳에 유학하고 있다고 한다면, 당신은 다른 방법으로는 가능할 수 없는 일도 편지나 전화로 이룰 수가 있을 것이다. 당신은 이 방법을 이용하여 당신 자식의 성격을 조성해 주고 대화로써는 할 수 없었던 그런 일에 대해 서로 얘기하고, 당신의 지금 생각하고 있는 마음속 생각을 고백할 수가 있다.

대부분 소년이나 소녀는 말로써 할 때는 충고를 받아들이려고 하지 않는 일이 가끔 있다. 그때의 환경이나 감정이 그것을 막는 원인이 되기도 한다. 그러나 이 같은 소년이나 소녀라도 주의 깊게 쓰인 진지한 편지에 담은 충고는 소중히 간직할 것이다.

충고도 포함한 모든 내용을 담은 편지를 가정에서 멀리 떨어져 있는 딸이나 아들에게 보내는 것은 어떤 내용이든지 가장 환영받을 만한 일이다. 비록 그것이 충고가 담긴 내용이라도 올바로 쓰여 있으면 그것을 되풀이해 읽고 연구하고 소화할 것이다.

또 세일즈 매니저의 경우에서도 부하인 세일즈맨에게 적절한 편지를 씀으로써 이제까지의 모든 판매 기록을 깨도록 마음을 움직일 수가 있다. 마찬가지로 자기의 세일즈 매니저에게 편지를 쓰는 세일즈맨은 자기의 입장을 자기에게 유리하게 쓸 수가 있을 것이다.

능숙한 세일즈 매니저라면 세일즈맨의 마음을 움직이는 가장 효과적인 방법의 하나가 제1선에서 그 사람과 함께 일하면서 실례를 보여 주는 일이라는 것을 잘 알고 있다.

앞에서 서술한 바 있는 클레멘트 스토운은 자기가 아이오와주의 쇼크스에 사는 세일즈맨을 어떻게 해서 훈련했는가 하는 이야기를 해서 많은 사람의 주목을 받아 온 사람이다.

그의 이야기를 기술해 봄으로써 우리는 남의 마음을 움직이는 방법을 터득한 예를 알 수가 있다.

◆　◆　◆

나는 쇼크스에 있는 우리 회사 세일즈맨의 한 사람의 형편을 들어보았다. 그는 쇼크스의 시가지에서 이틀간 꼬박 열심히 일했지만, 하나도 팔 수 없었다고 했다.

"이 쇼크스의 시가지에서 판다는 것은 절대로라고는 말할 수 없지만 잘되지 않는 일입니다. 그곳에 사는 사람들은 네덜란드계의 이민자들로서 대단히 배타적입니다. 자신들 계통의 사람 이외에는 아무것도 사려고 하지 않습니다. 게다가 그 지역에 5년간이나 계속 흉년이 들었으니까 그 지역에 보험을 판다는 것은 불가능한 일입니다."

"그럼 내일 자네가 이틀 동안 하나도 팔지 못했던 그 시가지에서 다시 한번 팔아 보지 않겠는가?"

나는 제안했다. 그리고 다음 날 아침 자동차를 타고 쇼크스의 시가지로 갔다. 나는 거기서 적극적인 사고(PMA)를 몸에 익히고, 우리 회사의 방식을 신뢰하고 그것을 활용하는 세일즈맨이라면 설사 어떤 장해가 있어도 팔 수 있으리라는 것을 실증해 보이려 생각했다.

그 세일즈맨이 차를 운전하고 있는 동안, 나는 눈을 감고 명상하며 정신을 가다듬었다. 나는 왜 그들에게 팔 수 없는가 하는 사실보다, 어떻게 하면 팔 수 있는가 하는 이유를 계속 생각하고 있었다.

나는 이런 식으로 생각했다. 그 세일즈맨은 그곳의 주민이 네덜란드계의 이주민으로 배타적이요 그 때문에 팔 수 없다고 말했다. 얼마나 좋은 일인가. 만일 그 동료들의 한 사람, 특히 그 리더에게 팔아넘길 수가 있다면 모든 동료에게 팔 수 있다는 것과 마찬가지이다. 그러니까 내가 해야 하는 것은 적당한 사람에게 최초로 팔아내는 일이다. 설사 시간이 걸리더라도 나는 그것을 해 보이리라고 마음먹었다.

그는 그 지역이 5년간이나 계속 흉작이라고 말했다. 그러나 이상 더 멋진 상황이 어디 있을까? 또한, 네덜란드계 이주민은 돈을 모으는 것을 좋아할 뿐만 아니라 책임감이 있어 자기들의 가정과 재산을 지키는 데 열심이다. 그리고 다른 보험 세일즈맨도 아직 거기까지는 미치고 있지 않을 테니까 아마 그들은 아직 어떤 상해보험에도 들어 있지 않을 것이다.

아마 다른 세일즈맨도 지금 차를 운전하고 있는 이 사람과 마찬가지로 소극적인 마음가짐을 가지고 그 사람들과 대했을 것이다. 거기다 우리 회사의 보험 방식은 적은 보험료로 충분한 보장을 받게 되어 있다. 그러니까 아무 경쟁 상대가 없다고 해도 좋다.

그러고 나서 나는, 내가 정신 조절이라 일컫는 일에 전념했다. 나는 경건히, 진지한 마음가짐으로 기대와 감정을 갖고 '신이여, 제가 파는 것을 도와주십시오! 신이여, 제가 파는 것을 도와주십시오!' 하고 되풀이하였다. 몇 번이나 이 말을 되풀이하고 난 뒤에야 다음 계획을 위해 조금 잠을 잘 수가 있었다.

우리가 쇼크스의 중심가에 도착했을 때 첫 번째로 은행을 찾아갔다. 거기에는 부지점장과 출납계, 예금계가 있었다. 20분 동안 설명한 결과 부지점장은 우리 회사에 가장 팔고 싶다고 생각하고 있는 상해보험에 들어 주었다. 그러자 출납계도 같은 보험에 들었다. 그러나 예금계만은 아무리 설득해도 보험에 들어 주지 않았다.

이런 사건을 시작으로 하여 우리는 가게에서 가게로, 사무실에서 사무실로, 조직에서 조직으로 뛰어들어 방문을 시작했다. 우리는 어디를 가거나 모든 사람을 면접했다.

그러자 놀라운 일이 일어났다. 그날 우리가 방문한 모든 사람이 우리가 가장 팔고 싶다고 생각하고 있던 보험에 하나의 예외도 없이 들어 주었다.

일을 마치고 돌아오는 도중에 나는 나를 도와주신 신의 힘에 감사하고 있었다.

그럼 나는 다른 사람이 실패한 그 고장에서 어떻게 판매에 성공했을까? 사실 나는 다른 사람이 그 때문에 실패를 한 바로 똑같은 이유를 가지고 성공을 경험한 것이다.

그는, 그들은 네덜란드계 이주민으로 배타적이니까 팔 수 없다고 말했다. 그것은 소극적인 마음가짐이다. 그러나 나는, 그들은 네덜란드계 이주민으로 배타적이니까 보험을 살 것이라 확신하고 있었다. 이것이 바로 적극적인 마음가짐이다. 그리고 그는, 그들은 5년간이나 계속 흉작이니까 팔 수가 없었다고 말했다. 그것도 소극적인 마음가짐이다.

나는 신의 인도와 도움을 구했을 뿐만 아니라. 내가 그 도움을 받는 중이라는 것을 굳게 믿고 있었다.

그리하여 이 사람은 쇼크스의 시가지로 돌아와서 매일 판매 기록을 경신해 나갔다.

이제까지의 이야기는 실례에 의해 남의 마음을 움직이는 것의 예이다. 이 세일즈맨이 그가 이전에 실패했던 장소에서 성공한 것인데, 그렇게 된 것은 그가 적극적인 마음가짐으로 일하는 것의 가치를 깨달았기 때문이다.

적극적인 마음을 갖게 하여 사람을 활동시키는 데는 여러 가지 방법이 있지만 가장 효과적인 방법은 사람을 분발시키는 책에 의한 방법이다.

따라서 판매에 성공하는 가장 중요한 요인을 그 중요성의 차례

대로 늘어놓으면 다음과 같은 것이다. 동기 유발의 인스피레이션, 판매기술이라 칭하는 특정한 제품이라든가 서비스를 팔기 위한 지식, 제품이라든가 서비스 그 자체의 지식, 그리고 이 세 가지의 똑같은 원리가 어떤 일이든지 성공하는 데에 쓰이는 것이다.

이제까지 당신이 읽은 이야기로써 당신은 어느 세일즈맨의 판매 시술의 지식과 자기가 팔고 있는 서비스의 지식을 가지고 있었다는 것을 알 것이다. 그러나 그에게는 가장 중요한 성분인 동기 유발에 대한 인스피레이션이 빠져 있었다.

잘 알려진 판매의 컨설턴트이기도 한 모리스 피카스가 '생각하라, 그러면 부자가 될 수 있다'라는 책을 클레멘트 스토운에게 주었다. 그다음부터 스토운은 세일즈맨에게 동기 유발의 인스피레이션을 주기 위해 여러 사람을 분발시키는 책을 이용해 보았다.

이때의 스토운은 인스피레이션과 열중이 판매 조직의 생명이라는 것을 잘 알고 있었다. 그리고 인스피레이션과 열중의 불꽃은 끊임없이 그것이 계속해서 타오르는 연료를 보급하지 않으면 꺼지는 것이므로, 스토운은 자신의 부하 세일즈맨에게 3개월마다 한 권의 수양서를 보내주었다. 또 그는 정신의 영양소 역할을 하는 주간 및 월간의 소책자도 발간해 왔다.

이 책을 읽고 있는 동안에 당신은 암시·자기암시·자동암시의 중요성을 알았을 것이다. 스토운은 이 지식을 이용해서 타인을 움직여 행동시키는 테크닉상의 일대 발견을 했다.

당신에게도 그 발견은 반드시 도움이 될 것이다. 그것은 사람을 움직여 행동시키도록 하는 것이 무엇인가를 알면, 당신도 그 올바른 테크닉을 사용할 수가 있기 때문이다.

당신 자신이나 타인을 움직여 행동시키는 데 도움이 되는 이 간단한 테크닉은 암시·자기암시·자동암시의 이용에 기초를 두고 있다. 이것을 구체적으로 서술해 본다면 다음과 같다.

가령 여기에 소극적인 마음을 가진 세일즈맨이 있는데 그 일이 적극성을 필요로 하는 것일 경우에는 세일즈 매니저는 겁을 먹는 것은 자연스러운 현상이라는 것을 이해시켜 준다. 그러고 나서 다른 사람이 겁을 극복한 일을 실례를 들어 설명한다. 그리고 다음에 그가 원하고 있는 것을 상징하는 그런 동기를 유발하는 말을 가끔 되풀이하도록 그 세일즈맨에게 권유했다.

이런 경우에 그 세일즈맨은 다음 말을 아침마다, 그리고 낮에도 가끔 되풀이하게 된다.

'적극적으로 되어라!'

행동하는 것이 필요한 특수한 상황에서 겁에 질렸을 때는 특히 이것이 필요하다. 그리고 이러면 '곧 시작하라!'라는 셀프스타터를 쓰면 매우 도움이 될 것이다.

만약 세일즈 매니저가 부하 중에서 거짓말쟁이이며 정직하지 못한 사람을 발견했을 때, 그것을 고치는 데는 다음과 같은 방법을 쓴다.

세일즈 매니저는 다른 사람이 이와 같은 어려운 문제를 어떻게 해서 해결했는가를 얘기한다. 그러고 나서 그 세일즈맨에게 사람을 분발시키는 책이나 논문이나 시를 주도록 한다. 또는 성경의 한 구절을 추천해도 좋을 것이다. 우리의 경험에 의한다면 '나는 할 수 있다'라는 책 같은 것은 이와 같은 목적에 적당하다.

그리고 이 경우에도 앞에서 서술한 것처럼 세일즈맨은 아침마다, 그리고 낮에도 가끔 되풀이해서 '성실하라! 성실하라!' 하고 소리 높여 되풀이하는 것이다. 부정직해지려 하는 때든가, 남을 속이려 하고 있을 때의 경우에는 특히 그렇게 할 필요가 있다. '곧 시작하라!'라는 셀프스타터와 진실에 직면하는 '용기를 가져라!'라는 이 양쪽의 방법을 병용할 일이다.

여기까지 설명한 이 방법은 이 책에서 가끔 설명해 온 것이니까 당신에게는 쉽게 이해되리라고 생각된다.

어쨌든 당신이 지금 자기 자신과 타인의 마음을 움직여 행동시키는 방법을 알았다는 것은 부의 문의 열쇠를 받을 준비가 되었음을 의미한다.

타인의 마음을 움직이는 법칙

인생에 있어서 손에 넣을 가치가 있는 것은 그것을 얻기 위해 노력할 가치가 있다고 설명하도록 하라.

자신에게 동기를 유발하는 법

동기 유발이란 도대체 무엇인가? 동기 유발이란 행동시키는 것, 또는 선택하여 결정짓게 하는 일이다. 그것이 바로 여기에 쓰려고 하는 동기를 가지게 하는 일이다.

즉 동기란 생각이라든가, 감정이라든가, 욕망이라든가, 충동이라든가 하는, 그 사람이 행동하도록 자극하는, 사람의 내부에만 있는 내부의 자극이다. 그것은 특정한 결과를 낳은 시도를 향하여 행동을 일으키게 하는 희망이라든가 그 밖의 힘이다.

언제나 행위의 동기만을 중요시하여 귀착되는 결과를 생각하지 말라.

자신과 타인을 행동시키는 법

'당신이 어떻게 사람을 움직여 행동시킬 수 있는가' 하는 원칙을 깨닫는다면 타인을 행동시킬 수 있는 원칙도 알게 된다. 반대로 타인을 움직이게 할 수 있는 원칙을 안다면 당신 자신을 움직여 행동시킬 수 있는 원칙도 알게 된다. 그러므로 당신 자신을 움직여 스스로 행동할 방법을 서술하는 것이 이번 장의 목적이다. 그리고 적극적인 마음가짐으로 당신 자신이나 타인을 움직여 행동시키는 방법을 서술하는 것이 이 책 전체의 목적이다.

여러 사람의 성공이나 실패의 여러 가지 경험을 설명하는 우리의 목적은 바람직한 행동을 단행하도록 당신을 움직여 행동시키는 데 있다.

따라서 PMA를 가지고 당신 자신을 행동시키면 당신은 당신의 사고를 지도하고, 당신의 감정을 제어하여 당신의 운명을 결정할 수가 있다.

★

보이지 않는 힘으로 당신 자신과 타인에게 동기를 유발해라

보이지 않는 힘이란 어떤 것일까.

어떤 사람이 그것을 발견했다. 다음에 서술하는 것은 그의 이야기이다.

◆　◆　◆

몇 해 전의 일이다.

화장품 제조업자로 성공한 이 사람은 65세의 나이로 은퇴했다.

그 뒤 해마다 그의 친구들은 생일축하 파티를 열어 주고 있었는데, 언제나 그들은 그에게 그의 성공 비결을 공개해 달라고 졸랐다. 그때마다 그는 애교 있게 거절하였는데, 그가 75세의 생일을 맞았을 때 친구들은 반농담으로 또 한 번 그 비결을 밝혀 달라고 부탁했다.

"지금까지 여러분에게 신세를 졌으니까 이야기하지요."

그는 말했다.

"아실지 모르겠습니다만, 다른 화장품 없이 하는 방법 외에 나는 하나의 마법의 성분을 덧붙였습니다."

"그 마법의 성분이란 무엇입니까?"

모두 물었다.

"나는 우리 회사의 화장품이 그녀들을 아름답게 하리라고는 부인들에게 절대로 말하지 않습니다. 그래야 나는 그녀들에게 언제나 희망을 주는 겁니다."

바로 희망이 마법의 성분인 것이다! 희망은 욕심나는 것이 얻어진다는 기대와 그것이 손에 들어온 것이라는 신념을 수반하고 있는 욕망이다. 인간이란 대부분이 그에게 욕심나는 것, 믿는 것, 도달할 수 있는 것에 의식적으로 반응하게 되는 법이다.

또 주위로부터의 암시·자기암시·자동암시 등으로써 그 잠재의식의 힘이 해방될 때에는 행동을 낳는 내부 충동에도 무의식적으로 반응하는 것이다. 바꾸어 말한다면, 타인의 마음을 움직여 행동시키는 요인에는 여러 가지 종류의 정도와 반응이 있다.

그러나 어느 결과도 일정한 원인을 가지고 있다. 당신의 어느 행동을 할 때의 일정한 원인, 즉 당신의 동기 결과이다.

가령 앞의 이야기와 같이 부인들의 희망은 화장품 제조업자에게 유리한 사업상의 행동을 구축하는 동기를 유발했으며 그것은 또 부인들이 스스로 그의 화장품을 사도록 마음으로부터 충동시켰다.

★

인간의 행동을 유발하는 열 가지 기본적 동기

당신이 느끼는 모든 생각, 당신이 자발적으로 행하는 모든 행동은 어떤 특정한 동기 또는 여러 가지 동기의 결함에서 생기는 것이다. 모든 사고, 모든 자발적인 행동을 일으키는 열 가지의 기본적인 동기가 있다.

이 가운데 하나의 동기도 없이 무슨 일을 행하는 사람은 한 사람도 없다. 어떤 일정한 목적을 위해 자기 자신을 행동시키는 방법, 또는 타인을 행동시키는 방법을 배우기 위해서는 당신은 이들 열 가지 기본적 동기를 이해하지 않으면 안 된다. 그것을 열거하면 다음과 같은 것이다.

- 첫째, 인정받고 싶다는 것과 자기표현의 욕망
- 둘째, 물질적인 이득에 대한 욕망
- 셋째, 죽은 뒤의 인생에 대한 욕망
- 넷째, 몸과 마음의 자유에 대한 욕망
- 다섯째, 노여움의 감정
- 여섯째, 미움의 감정
- 일곱째, 섹스의 감정
- 여덟째, 사랑의 감정
- 아홉째, 공포의 감정
- 열째, 자기 보존의 욕망

감정을 조절하는 법은 무엇인가

인간은 외부의 힘의 영향에 의해 강제(强制)되기 전에, 의식하는 마음의 활동으로 자신의 내부로부터 그 감정을 자발적으로 조절할 수 있는 유일한 존재이다.

따라서 인간만이 감정 반응의 습관을 임시로 바꿀 수가 있다. 당신이 보다 문명에 개화될수록 그만큼 보다 쉽게 당신은 감정을 제어할 수가 있다.

감정은 이성과 행동의 묶음으로써 제어된다. 공포가 아무 이유없는 것이요 해로운 것이면, 그것을 지워버릴 수가 있으며, 지워버리지 않으면 안 된다. 그러면 어떻게 해서 그렇게 한다는 것일까?

항상 당신의 감정은 이성의 직감적인 대상은 아니지만, 그것은 행동의 대상이다. 왜냐하면, 당신은 소극적인 감정이 필요 없다는 것을 이성을 가지고 이해할 수가 있으며, 그렇게 함으로써 자기 자신을 행동하도록 동기를 유발할 수가 있다.

또한, 당신은 공포 대신에 적극적인 감정을 가지고 일에 임할 수가 있다. 어떻게 해서 이와 같은 일을 한다는 것일까?

하나의 효과적인 방법은 당신이 원하고 있는 것을 나타내는 그런 한마디 말의 신조를 지니고 자기암시를 하는 것이다. 말하자면 자기에게 명령을 내리는 것이다. 가령, 당신이 무엇인가를 두려워하고 있어서 용기를 가졌으면 하고 생각한다면, '용기를 가져라.' 하는 말을 빠르게 몇 번 되풀이해 보는 것이다. 그리고 행동으로 그것을 보충한다. 용기 있는 사람이 되고 싶다고 생각한 순간부터 용감히 행동하는 것이다.

그럼 어떻게 하는 것이 좋은가?

'곧 시작하라!'라는 셀프스타터를 사용하는 것이다. 그리고 곧 행동으로 옮기는 것이다.

이 장에서는 당신이 자기암시를 함으로써 당신의 감정과 행동을 제어하는 방법을 알 것이다. 따라서 지금 중요한 것은, "당신이 하고 싶다고 생각하는 것에 정신을 집중하고, 당신이 하고 싶다고 생각하지 않는 것은 곧 잊어버리는 일이다."

★
성공의 공식

아마도 당신은 '프랭클린 자서전'을 읽었을 것이다. 그리고 프랑크베드가의 '나는 어떻게 판매 세일즈에 성공했는가?'를 읽었을 것이다. 만일 아직 읽지 않았다면 당신에게 이 두 책을 읽으라고 권유하고 싶다. 이 두 책에는 언제나 성공할 수 있는 공식이 쓰여 있다.

프랭클린의 자서전에는 이 세상에서 가장 위대한 사람이 당신을 도와주려 했듯이 벤저민 프랭클린을 도와주려 노력했던 것을 다음과 같이 서술하고 있다.

"나는 그것들의 덕을 전부 몸에 지니고 싶다고 생각한다. 그러나 그것을 전부 한 번에 몸에 붙임으로써 주위를 산만하게 하는 것보다는, 하나의 덕만을 꼭 몸에 붙이는 것이 낫다고 판단했다. 그리고 나는 그 어떤 것 하나를 몸에 붙였다는 것으로써 다른 것이 나에게 붙기가 쉽도록 그와 같은 관점에서 그 덕을 배치했다."

그 뒤 프랭클린은 이렇게 적고 있다.

"매일 반성이 필요하다고 생각했기에 그 검사를 하기 위해서 나는 다음과 같은 방법을 생각해냈다. 나는 한 권의 조그만 수첩을 만들어 그 속에서 각각 덕의 페이지를 나누었다. 그리고 나는 그것이 일곱 개의 세로의 칸이 되도록 페이지마다 빨간 잉크로 줄을 쳤다. 그리고 그 칸마다 요일을 적어 넣었다. 가로의 칸은 열셋으로 나누고, 열셋의 덕을 거기다가 적어 넣었다. 그리고 검사 결과 내가 이들의 덕을 지키지 않은 것을 알면 해당하는 칸에 조그만 검은 점을 찍기로 했다."

그렇다면 다음에는 이 공식을 아는 것과 마찬가지로 이 공식을 이용하는 방법을 아는 것이 중요하다. 당신의 지식을 쓰는 방식은 다음과 같이 하는 것이다.

행동의 공식

일주일 동안을 하나의 원칙에 집중한다. 언제든지 기회가 있으면 바른 행동으로 답하도록 한다. 그러고 나서 둘째 주일은 제2의 덕으로 옮겨간다. 그리고 제1의 원칙은 잠재의식에 맡겨 버린다.

매주 같은 시간 한 원칙에 정신을 집중하고 다른 것은 잠재의식 속에 확립된 습관의 실천에 맡겨 둔다. 이것이 대충 끝나면 다시 처음부터 되풀이한다. 이렇게 해서 연말에 가서는 모든 과정을 4회 되풀이하는 것이 된다. 몸에 붙이고 싶다고 생각했던 특성이 몸에 붙거든, 더욱 발전시키고 싶다고 생각하는 새로운 덕이라든가, 태도라든가, 활동이라든가를 위해서 새로운 원칙으로 바꾼다.

당신은 벤저민 프랭클린 자신을 돕기 위해 사용한 방법을 읽은 셈이지만, 이 책의 독자인 당신으로서는 프랭클린의 원칙을 배워서 그 원칙을 적용하는 방법을 아는 것이 현명할 것이다. 만일 당신이 당신 자신의 계획을 출발시키는 것을 결의했지만, 어떤 원칙부터 시작하면 좋을지를 잘 모르거든 벤저민 프랭클린이 쓴 열세 가지의 덕에서부터 시작해도 좋을 것이다. 또는 성공의 17원칙을 쓰는 것도 좋을 것이다.

우리는 이 장 처음에서 인간이 기본적인 동기의 유발에 관해서 서술했는데 여기서 다시 한번 그것을 되풀이해 볼까 한다.

우선 첫째가 인정받고 싶다는 것과 자기표현의 욕망, 그다음이 죽은 뒤의 세계에 대한 욕망, 육체와 정신의 자유, 이렇게 계속된다.

그다음은 노여움과 미움의 감정, 다음이 섹스의 감정과 사랑, 공
포의 감정, 그리고 마지막이 자기 보존의 욕망이다.

희망을 품고 일에 임하라고 설득할 일이다.

PART 2

부자가 되는 법

나는 건강하다. 행복하다. 상쾌하다.
행복하고 만족해하고 있는 사람들은 자기 마음을 제어할 줄 안다.
그들은 처해 있는 상황에 대해 적극적인 태도를 보인다.
자기의 재능을 살려 남에게 즐거움을 주는 것에 만족하라.

부자가 되는 지름길

'부(Wealth)의 지름길'이란 과연 가능한 것일까? 그것은 보통의 순서에 의해서보다도 보다 간접적으로, 더욱 신속하고 정확하게 어떤 일을 해내는 방법을 말한다. 따라서 보통의 방법보다도 더욱 '직접적인 길'을 의미한다.

그러므로 지름길을 취하는 사람은 그 목적지를 알고 있으므로, 그가 부딪히는 장애라든가, 불행을 이겨 나가야만 목적지까지 도달할 수 있다.

클레멘트 스토운이란 세일즈맨이 여러 해에 걸쳐서 성공의 원칙에 대하여 강의하거나, 교수하거나 교육 등을 해 왔다. 그 코스의 명칭은 적극적인 사고, PMA(Positive Mental Attitude: 성공의 과학)라고 부르고 있다.

그 성공의 17원칙을 열거해 보면 다음과 같다.

01 적극적인 마음가짐(PMA)

02 목적을 명확히 할 것

03 덤(bonus)을 붙일 것

04 정확한 사고

05 자기 규율을 세울 것

06 지도력

07 올바른 신앙심

08 남이 좋아하는 성격

09 자발성

10 성심성의껏 열심히

11 조절된 주의력

12 협동심

13 실패에서 배울 것

14 창조적인 비전

15 시간과 돈의 예산을 세울 것

16 건강의 유지

17 우주 습성의 힘의 이용

우리가 여기에서 17가지의 성공의 원칙을 알아보는 것은 당신에게 부의 지름길을 제시하려는 생각이기 때문이다. 우리는 당신에게 가장 직접적인 방법을 써서 성공에의 지름길을 가는 것을 원하고 있기 때문이다.

그런데 여기서 알아 두어야 할 것은 직접적인 방법을 취하기 위해서 적극적인 마음가짐을 가질 필요가 있다. 그리고 적극적인 마음가짐은 앞에서 열거한 열일곱 가지의 성공의 원칙을 적용하는 데서 생기는 것이다.

생각한다는 말은 하나의 상징이다. 당신에게 있어서의 그 의미는 당신이 누구인가에 따라서 달라질 수도 있다.

그렇다면 당신은 누구인가? 당신은 당신의 육체, 유전(遺傳), 의식과 잠재의식, 경험, 시간, 공간에서 특정한 위치와 방향, 그리고 기지(既知)와 어떤 기지의 힘을 포함한 그 밖의 무엇인가 소산이다.

만일 당신이 적극적인 마음가짐을 생각할 때에는 당신이 열일곱 가지 원칙에 영향을 주어서 이용하고, 조절하면서 조화시킬 수 있다.

그러니까 당신만이 당신을 위해 생각할 수 있다. 일찍이 세네카는 부자가 되는 가장 가까운 길은 부를 경영하는 데 있다고 하였다. 그러나 당신에게 있어서 부의 지름길은 다음의 말로 상징되고 있다.

"적극적인 마음가짐으로 부를 만들어야 한다."

그러나 아무리 적극적인 마음가짐으로 부를 축적한다 해도 유대인의 격언처럼 남에게 베풀지 않거나 나눔이 없는 부는 요리가 즐비한 식탁에 소금이 없는 것과 같다고 하였다.

할 수 있다고 믿으면 그것은 가능한 것이다.

부를 대하는 마음가짐

당신이 누구이든 당신의 나이라든가 교육이라든가 직업이라든가에는 전혀 관계없이 당신은 부를 끌어당길 수가 있다. 당신은 또 그것을 배척할 수도 있다. 그러니까 우리는 다음과 같이 말할 수가 있다.

"부를 배척하지 말고 끌어당겨라!"

여기는 당신에게 돈을 만드는 방법을 가르치고자 한다.

당신은 부자가 되기를 원하고 있지 않은가? 진지하게 대답해 주기 바란다. 물론 당신은 원하고 있을 것이다. 그렇지 않다면 부자가 되는 것이 두려운가?

아마도 당신은 부를 손에 넣으려고는 하지 않을지도 모른다. 만일 그렇다면 반신불수가 되어서도 PMA를 갖고 소시지 장사로 성공했던 밀 C. 존스의 예를 들어보자. 또는 만일 당신이 병원에 입원하고 있는 환자라면 다음에 서술하고 있는 조지 스테페크가 실천한 것처럼 공부하고 생각하고 계획하는 시간을 가짐으로써 자기 주위로부터 부를 끌어당길 수가 있을 것이다.

★

어떤 환경에서라도 생각하도록 노력하라

우리는 성공한 사람들의 이야기를 들을 때마다, 그들의 성공의 실마리가 그들이 자기 개념을 위해서 책을 손에 넣은 날로 거슬러 올라가야 한다는 것을 발견했다.

책의 효용을 과소평가해서는 안 되며 어쩌면 책은 당신을 대담한 새 계획으로 몰아넣을 수가 있다. 그리고 계획에 따르기 마련인 어두운 날을 밝게 비출 수 있는 인스피레이션(靈感)을 공급해 주는 도구이다.

◆ ◆ ◆

조지 스테페크는 하이네 베레탕 병원에 입원하고 있었는데, 그는 우연히 생각하는 시간의 가치를 발견하게 되었다.

조지는 아무것도 가진 것이 없었다. 입원하고 있는 동안 시간은 한가할 만큼 많이 있었지만, 읽거나 생각하거나 하는 것을 제외하면 그 외에 아무 일도 할 것이 없었다. 그런데 그는 '생각하라, 그러면 부자가 될 수 있다'라는 책을 읽고 성공을 위한 마음의 준비를 하게 되었다.

그의 머리에 어떤 아이디어가 떠올랐다. 많은 세탁소에서 새로 다려진 와이셔츠를 모양이 흐트러지거나 주름이 잡히지 않도록 두꺼운 종이로 싸고 있다는 것을 알고 있었다. 2~3개 세탁소에 편지를 내어 알아본 결과, 클리닝 집에서 이 종이봉투를 1,000장에 4달러씩 주고 사서 쓰고 있다는 것을 알았다.

그의 아이디어란 이 종이봉투를 1,000장에 1달러로 판다는 것이었다. 그 대신 어느 봉투에나 광고를 게재하는 것이다. 물론 광고주는 광고료를 지불하고 조지는 그것으로 이익을 얻게 되므로 남보다 적은 돈을 받더라도 유지할 수 있다고 생각했다.

조지는 이와 같은 아이디어를 생각해내고 그 실현을 서둘렀다. 병원에서 퇴원하자 그는 곧 실천에 옮겼다. 그것은 새로운 광고 분야로써 그것대로 여러 가지 문제가 있기는 했지만, 그는 사람들이 시행착오라 부르고, 우리가 시행 성공이라 이름 붙임으로써 효과를 보는 입원 중에 몸에 뱄던 습관을 여전히 지켜나갔다.

그의 사업이 급속히 번창하고 있을 때도 그는 서비스 효과를 더욱 증가시킴으로써 매상을 높이려 노력했다. 와이셔츠의 포장지는 그 속에서 와이셔츠를 일단 꺼내면 손님은 그것을 내버리는 것이 보통이었다.

그래서 그는 다음과 같이 자신에게 물어보았다.

"어떻게 하면 광고가 붙은 이 종이봉투를 가정에서 언제까지나 보존시켜 둘 수가 있는 것일까?"

과연 그는 어떻게 했을까? 종이봉투 한쪽 면에는 이제까지와 같이 흑백으로, 또는 색도를 넣어 광고를 인쇄했다. 그리고 다른 한쪽 면에 새로운 고안을 했다. 가령 어린이들을 위한 재미있는 게임이라든가, 주부들을 위해서는 맛있는 요리법이라든가, 온 가족을 위해서 주말여행 안내, 또는 가족들이 함께 즐기는 게임 놀이 등을 인쇄했다.

조지의 술회에 따르면 어떤 남자가 클리닝값이 갑자기 까닭도 없이 많이 지출된 것을 이상하게 여기고 알아보았다. 그랬더니 그 부인은 조지가 인쇄해 넣은 요리법을 좀 더 많이 손에 넣기 위해 아직 맡기지 않아도 좋은 와이셔츠를 자꾸 클리닝하려 내놓고 있었다는 것이다.

그러나 조지는 여기서 그치지 않았다. 그는 좀 더 야심적이었으므로 그 사실을 더욱 펼치려고 생각했다. 그래서 그는 이번에도 자신에게 물어보았다.

"어떻게 하면 그걸 할 수 있겠는가?"

그리고 이번에도 대답을 찾아낼 수 있었다.

조지 스테페크는 클리닝 가게에서 받은 1,000장에 대한 1달러의 돈을 전부 아메리카 클리닝업 협회에 기부했다. 그러자 협회에서는 그대로 조지의 와이셔츠용 종이봉투를 독점적으로 사용하여 조지의 일을 도와주라고 협회원들에게 권유하게 되었다.

이렇게 해서 조지는 좋고 마음에 드는 것을 많이 주면 줄수록 당

신도 더욱 많은 것을 손에 넣을 수가 있다고 하는 또 하나의 중요
한 사실을 발견했다.

★
생각하고 그것을 메모하는 습관을 길러라

조지 스테페그에게는 주의 깊게 계획된 생각을 할 수 있는 병상의
시간이 막대한 부를 가져다주었다. 그 뛰어난 아이디어가 떠오른 것
은 조용한 환경에 있을 때였다. 시끄러움 속에서야말로 뛰어난 자
아가 발견된다고 하는 그릇된 생각을 가져서는 안 된다. 또 생각하
는 시간을 갖는 것은 시간을 낭비하고 있는 것이라는 생각은 금물이
다. 사색은 그 위에 다른 모든 것들이 짜이는 토대이기도 한 것이다.

그러나 뛰어난 행동을 충동시키는 책을 읽거나 그것을 읽고 나
서 생각하거나 하는 습관을 붙이기 위해서 당신은 병원에 입원하
거나 할 필요는 없다. 또 생각하거나 공부하거나 계획하거나 하는
시간도 대단히 긴 시간이 필요하지 않다. 공부하거나 생각하거나
계획하거나 하는 시간의 고작 1%만 빌어도 당신의 목표에 도달하
는 속도에 놀라운 성과가 나타날 것이다.

당신의 하루를 정확히 계산하면 1,440분이다. 이 시간의 '1%를 연
구하고 생각하고 계획하는 시간으로 써라.' 그러면 당신은 이 시간이

당신을 위해 어떤 일을 해주는가에 반드시 놀랄 것이다. 왜냐하면 당신이 일단 이 습관을 몸에 붙이면 언제 어떤 곳에 있거나 식사를 하고 있을 때이든, 버스를 타고 있을 때이든, 목욕하고 있을 때이든 항상 건설적인 아이디어가 생기는 데 깜짝 놀랄 것이기 때문이다.

토머스 에디슨과 같은 천재는 인류가 이제까지 발명한 것 중에 가장 위대한 발명을, 가장 간단한 두 가지 도구인 연필과 종이를 잊지 않고 활용함으로써 이룩하였다. 에디슨이 한 것처럼 이 방법을 이용하여 아침이나 낮이나 머리에 떠오른 아이디어를 기록하는 것이다.

부를 끌어당기는 또 하나의 필요조건은 자기 목표를 세우는 방법을 배우는 일이다. 이것을 이해하는 것은 당신에게 매우 중요한 일이다. 비록 그 사람이 이 일의 중요성을 인식하고 있었을 경우라도, 목표를 설정하는 방법을 정말로 이해하고 실행하고 있는 사람은 극히 드물기 때문이다.

★

목표를 설정하라

당신의 마음에 간직해 두어야 할 중요한 일이 네 가지 있으므로 그것을 열거해 본다.

- 첫째로는, 당신의 목표를 적어 보아라. 그렇게 함으로써 당신의 생각이 구체화한다. 쓰면서 생각하는 것은 당신의 기억에서 사라지지 않는 인상을 남기는 것이 된다.

- 둘째로는, 당신의 목적을 달성할 때의 기한을 분명히 하라. 이것은 당신의 목표를 향해 출발하여 계속 걷도록 당신을 움직이게 하는 점에서 중요한 일이다.

- 셋째로는, 기준을 높은 곳에 둘 것이다. 목표를 달성하는 일의 용이함과 당신의 동기의 강함과의 사이에는 직접적인 관계가 있는 것같이 생각된다. 일반적으로 말해서 당신의 주된 목표를 높은 곳에 두면 둘수록 그것을 달성하기 위해서 하는 노력은 집중적인 것이 된다.

- 넷째로는, 높은 것을 지향해야 한다. 인생에 있어 높은 것을 지향하여 성공과 번영을 구하는 데 필요로 하는 노력은 불행과 빈곤을 받는 데 필요로 하는 노력보다도 결코 많은 것은 아니므로 노력해야 한다.

이제부터 당신은 용기를 내어 현재 당신이 가치 있다고 생각하는 것보다도 더 많은 가치를 인생으로부터 구해야 할 것이다. 왜냐하면 인간이란 그들을 위해 부과된 요구에 합치되도록 향상해 나가는 경향이기 때문이다.

★

첫걸음이 중요하다

목표를 결정한 다음에 중요한 것은 행동으로 나타내는 일이다. 찰스 필리피아 부인(63)은 뉴욕에서 플로리다의 마이애미까지 걸어갈 계획을 세우고 드디어 그것을 실현했다.

그래서 그녀는 신문기자와 인터뷰했다.

기자들은 그와 같은 긴 도보 여행을 한다고 생각한 것만으로도 '어떻게 대단한 용기를 가질 수가 있을까' 하고 물었다.

"첫걸음을 내딛는 데에 용기는 필요 없어요."

필리피아 부인은 대답했다.

"그리고 내가 한 것은 그뿐입니다. 나는 한 걸음을 내디뎠습니다. 그리고 다음에 또 한 걸음을 내디뎠습니다. 그리고 또 한 걸음, 또 한 걸음 이렇게 해서 드디어 여기까지 도착하게 된 것입니다."

그렇다. 어느 계획에 돌입하더라도 당신은 그 첫걸음을 내딛지 않으면 안 되는 것이다. 당신이 얼마만큼 생각하거나 공부하거나 하는 시간을 많이 잡을까 하는 것은 문제가 아니다. 실천이 그와 함께 수반되지 않으면 그와 같은 일은 아무리 계획이 원대할지언

정 아무런 소용이 없을 것이다.

★

NMA(소극적인 마음)은 부를 배척한다

적극적인 마음가짐은 부를 끌어당기지만, 소극적인 마음가짐은 그 반대의 결과가 나올 것이다.

적극적인 마음가짐을 가지고 있으면 당신은 찾고 있는 부를 손에 넣을 때까지 계속 노력할 것이다. 지금 당신은 적극적인 마음가짐으로 출발하여 첫걸음을 내디디려 하고 있다.

그러나 당신이라 하더라도 당신의 소극적인 면에 의해서 영향을 받아, 목적지에 도달하기 바로 한 걸음 앞에서 그만 멈추어 버리는 일이 없다고 말할 수 없다. 성공의 열일곱 가지 원칙 중의 하나를 쓰는 데 실패할지도 모른다.

그 좋은 실례가 다음의 이야기이다.

가령 그 사람을 오스카라 부르기로 하자. 무덥던 여름이 지난 어느 날, 그는 오클라호마시의 정거장에서 내렸다. 거기서 그는 몇 시간 후에 있을 동부행의 기차를 기다려야 했다. 그는 찌는 듯한 더위가 이어지는 서부의 사막 속에서 수개월이나 지내 왔다. 그는 어떤 동부의 회사를 위해 석유를 찾고 있었다.

오스카는 매사추세츠 공과대학 출신으로, 유전을 발견하기 위해서 광맥 탐지기를 개량하여 새로운 장치를 하고 있었다.

그런데 그는 방금 자신이 근무하고 있는 회사가 파산했다는 기별을 받았다. 파산의 원인은 사장이 회사의 거액의 현금을 주식시장에서 투기로 유용했다는 데 있었다. 주식시장은 대공황(1929년)으로 말미암아 전부 무너지고 말았다.

이런 상황으로 오스카는 집으로 돌아오는 도중이었다. 그는 직업을 잃었으므로 앞날이 아무런 희망도 없는 것같이 보였다. NMA의 힘이 그에게 강력한 영향을 미치기 시작했다.

그는 몇 시간 동안을 역에서 기다리지 않으면 안 되었으므로 가지고 있던 그의 장치를 역 안에서 꾸며 보리라 마음먹었다.

그런데 그것이 좀처럼 생각대로 잘되지 않았다. 화가 치민 오스타는 그 장치를 발로 차서 드디어 그것을 망가뜨리고 말았다.

"석유 따위는 똥통에 빠져 버려라!"

그는 화가 치미는 듯 되풀이해 이렇게 소리쳤다.

그는 욕구 불만이어서 소극적인 마음가짐의 영향 아래 있었다. 이제까지 그 때문에 그에게 찾아온 기회는 바로 그의 발밑에 있었다. 그것을 붙잡으려면 오직 한 걸음만 더 디디면 되는 일이었다. 그러나 NMA의 영향 탓으로 그는 그것을 인정하기를 거부했다.

이런 사건으로 그는 석유 탐지에 관한 자기의 발명품에 자신을 잃고 있었다. 만일 그가 PMA의 영향 아래 있었다면 그것을 부정하지 않고 인정하려고 노력했을 것이다.

따라서 신념을 갖는다는 것은 성공의 17원칙의 하나이다. 당신의 신념을 테스트하는 방법은 가장 필요로 할 때 그것을 쓸 수 있느냐의 가부를 결정하는 일에 있다.

NMA는 오스카를 그가 믿고 있던 일이 잘못되어 있다고 믿게 하는 방향으로 이끌고 갔다. 당신도 기억하겠지만, 큰 불경기는 많은 사람의 마음속에 공포 관념을 심어놓는다. 오스카도 그중의 한 사람이었다.

이제까지 그처럼 그 가치를 실증해온 기계도 한낱 쇠 부스러기와 마찬가지로 되었고 오스카는 그만 소극적인 마음가짐으로 욕구 불만이 되어 있었다.

그날 오스카는 오클라호마시의 정거장에서 열차에 올라탔을 때 망가진 그 석유 탐지기도 버리고 말았다. 그리고 최대의 석유매장지와는 영구히 작별했을 것이다.

그 후 얼마 안 되어 오클라호마시는 문자 그대로 석유 위에 떠 있는 땅이 되었다. 오스카는 다음과 같은 두 가지 원칙 적용의 산 실례가 된 것이다. 적극적인 마음가짐은 부를 끌어당기지만, 소극적인 마음가짐은 부를 배척한다.

★

저축에 힘쓰도록 하라

이런 말을 듣는다면 당신은 이렇게 반문할지도 모른다.

"적극적인 마음가짐이나 소극적인 마음가짐에 대해 말하고 있는 이러한 일의 모두는 100만 달러를 만드는 능력이 있는 사람에게는 대단히 좋은 일이겠지요. 그러나 그런 환경에 있지 않은 나에게 100만 달러를 만드느니 하는 것은 어림없는 일입니다."

"물론 나도 경제적 안정은 바랍니다. 좋은 생활도 하고 싶고, 퇴직하고 나서 필요한 것을 마련하고 싶다고 생각합니다. 하지만 내가 일개의 샐러리맨이라면 어떻게 합니까? 그리 대단치도 않은 급료를 받고 있다면 그건 불가능한 일이 아닐까요."

이에 대한 우리의 대답은 다음과 같은 것이다.

어떤 사람이라도 재산을 손에 넣을 수가 있다. 경제적 안정을 보유하기에 그치는 재산뿐만 아니라 부자가 되는 데 충분한 재산조차도 모을 수가 있다. 그러기 위해서는 당신의 마스코트인 PMA의 영향이 당신에게 작용하도록 하기만 하면 된다.

이것이 가능하다는 것을 증명해 보이겠다. 그리고 만일 당신이 아직 충분히 이해되지 않았다면 '바빌론의 최대의 부호'라는 책을 읽으라고 권유하겠다. 그리고 충분히 이해한 그다음에 첫걸음을 내디뎌 주기 바란다.

계속 걸어서 당신이 구하는 재산이라든가, 경제적 안정을 손에 넣을 때까지는 어떤 경우라도 발을 멈추어서는 안 된다.

오즈번이 취했던 것도 바로 그것이었다.

오즈번의 직업은 샐러리맨이었는데 그런데도 많은 재산을 손에 넣었다. 그런 결과를 위해 오즈번이 썼던 원칙은 대단히 뚜렷한 것이었다. 그것은 누구의 눈에도 보이지 않았고 오즈번의 마음속에서 일어났다.

그가 사용했던 그 원칙, 그리고 당신도 쓸 수 있는 원칙은 겨우 몇 마디 말로 나타낼 수 있다.

'바빌론의 최대의 부호'를 읽고 있는 사이에 오즈번은, 재산이란 다음과 같은 일을 함으로써 손에 넣을 수가 있다는 것을 발견했다.

01 당신이 손에 넣은 1달러 중에 10센트를 저축할 것.
02 6개월마다 당신의 저축이나 이익금 중에서 그에 따른 배당금을 투자할 것.
03 투자하는 데는 안전한 투자를 위해서 전문가의 조언을 구하고, 도박 같은 것을 해서 원금을 잃는 그런 어리석은 일은 하지 말 것.

오즈번이 한 것은 바로 이것이었다. 이것을 잘 생각하라. 오즈번의 경우처럼 당신은 당신이 손에 넣은 1달러 중에서 10센트를 저축하고 그것을 안정하게 투자함으로써 경제적 안정이나 재산을 손에 넣을 수가 있다.

언제 시작하면 좋을까? 지금 곧 시작하는 것이다.

그럼 오즈번의 경험과 몸도 튼튼하고 사람을 분발시키는 책을 읽고 있던 어떤 사람의 경험을 비교해 보자.

그가 나폴레옹 힐을 만났을 때 그의 나이는 50세였다.

★
지금부터라도 너무 늦지는 않다

이 사람은 이렇게 말하고 미소 지었다.

"나는 당신의 '생각하라, 그러면 부자가 될 수 있다'라는 책을 몇해 전에 읽은 일이 있습니다. 그러나 나는 지금도 부자는 아닙니다."

그 말을 들은 나폴레옹 힐은 진지한 얼굴로 이렇게 대답했다.

"그러나 당신은 부자가 될 수 있을 것입니다. 당신의 미래는 지금부터입니다. 당신은 부자가 되기 위해 준비하지 않으면 안 됩니다. 그리고 당신이 그 기회를 위한 준비를 하기 위해서는 먼저 적극적인 마음가짐을 가지고 있지 않으면 안 됩니다."

이 사람은 저자의 이 충고를 머리에 담아 두었다는 것이다. 그것은 지금으로부터 5년 전의 일이었다. 그는 아직 부자가 되어 있지는 않았지만, 지금은 적극적인 마음가짐을 몸에 지니고 부자가 되어 가는 길에 서 있다.

그러한 증거로 그에게는 수천 달러의 부채가 있었는데, 지금에 와서는 그것을 깨끗이 청산하고 저축한 돈으로 투자를 하려고 하고 있다.

지금에서야 그는 PMA를 가진 사람이 되었다. 그의 마스코트인 PMA 측이 그에게 영향을 주고 있었을 때 그는 자기 도구가 나빠서 불평만 하는 직공과 같았다.

이제까지 당신은 자기 도구에 대해 불평을 말한 일이 있는가?

만일 당신이 아주 좋은 카메라를 가지고 있어 적당한 필름을 쓰고 카메라의 조절도 잘못하지 않았는데, 다른 사람은 그 카메라로 완전한 사진을 찍어 내고 있고 당신은 실패했다고 하면 그것은 대개 어디에 결함이 있었을까? 카메라에 결함이 있는 것일까? 설명서를 읽었지만, 그것을 잘 이해하고 있지 못했을까? 또는 이해하고 있었지만, 설명서대로 하지 않았을까?

이런 경우와 마찬가지로 당신의 인생 전 코스를 바꿀 수가 있는 그런 책을 이미 읽고는 있었지만, 그것을 이해하고 소화하고 그 원칙을 배워서 적용하는 수고를 아끼지 않았던 일도 있을 수가 있다.

지금이라도 배우는 데 너무 늦은 것은 아니다. 이제까지 배우지 않았다면 이제부터라도 배울 수 있다. 당신은 그 원칙을 알고 이해하지 않으면 성공할 수 없을 것이며, 그것을 적용하지 않으면 성공하는 일은 불가능할 것이다.

그러니까 당신이 이 책에서 지금 읽고 있는 것을 이해하고 적용하기 위해서는 아무래도 시간이 걸려야 할 것이다. 그러면 PMA가 당신을 도와줄 것이다.

우리는 PMA로 재산을 끌어당기라고 말한다. 그렇지만 당신은 돈을 만드는 데는, 돈이 필요한데 나에게는 한 푼의 돈도 없다고 말할지도 모른다. 이것이 소극적인 마음가짐이다.

만일 당신이 돈을 가지고 있지 않다면 다른 사람의 돈을 쓰거나 은행에서 대출을 받을 수도 있다. 타인의 돈을 쓴다는 것 자체가 있을 수 없는 일이라고 생각하는 것 역시 소극적인 마음가짐이다.

부를 얻기 위한 일반적인 법칙

연구하고 생각하고 계획하는 시간을 가질 일이다.

불만을 만족으로 이끌어라

과연 우리에게 만족할 수 있는 직업이란 어떤 것일까? 당신의 직업이 경영자이든, 종업원이든, 공장장이든, 공장 노무자이든, 의사이든, 간호사이든, 교사이든, 학생이든, 무엇이든 상관없이 당신의 직업에의 만족을 발견하는 것은 당신이 그 직업에 종사하고 있는 한 당신 자신에게 달려 있다.

그렇다면 당신도 할 수 있는 일이다. 만족은 마음가짐이다. 당신 자신의 마음가짐은 당신이 소유하여 완전히 지배할 수 있다. 당신은 자기 직업에서 만족을 찾을 결심을 하고 그러는 방법을 찾아낼 수가 있다.

소망하던 직업, 즉 원하던 직업은 자연스러운 태도를 보일 수 있고 애착도 느낀다. 이런 경우에서는 만족을 찾기 쉽다.

원하지도 않았는데 어쩔 수 없이 택한 직업의 경우는 정신적·감정적 갈등이나 욕구 불만 등이 따르게 된다.

그러나 PMA를 살려 자기의 직업에 만족하고 숙달하기 위해서 경험을 쌓는 기분을 불러일으키며 그러한 갈등이나 욕구 불만을 희석하는 가운데 충분히 극복할 수가 있다.

★

즐거운 마음으로 일에 임하라

젤리 아삼은 적극적인 사고(PMA) 를 가지고 있었으며 자기 일을 사랑하고 있다. 곧 자기 직업에서 만족을 얻고 있다. 젤리는 하와이 왕가의 자손이다. 그가 마음으로부터 사랑하고 있는 직업이란 것은 국제적인 큰 회사 하와이 사무소의 세일즈맨이었다.

젤리가 자기 일을 사랑하고 있는 것은 자기 일을 잘 알고 있었으며 이미 숙달되어 있기 때문이다. 따라서 그가 하는 일에는 무리가 없다. 그러나 이러한 젤리에게도 무엇인가 바람직하지 않은 날이 있었다. 세일즈의 일에서는 이와 같은 날이 곤란을 극복하고 PMA를 잃지 않도록 하면 막을 수가 있다. 그래서 젤리는 일하고 싶은 기분을 내주고 기운을 불러일으키는 책을 읽었다.

젤리는 책에 쓰여 있는 교훈을 믿고 실천했다. 그리고 그것을 스스로 실험해 보았다. 그는 회사의 판매 매뉴얼을 연구하고 실제 판매 활동에서 배운 것을 실천으로 옮겼다. 그는 목표－높은 목표－를 설정하고 그것을 달성했다.

그리고 아침마다 자기 자신에게 이렇게 타이르는 것이다.

"나는 건강하다. 행복하다. 기분이 상쾌하다."

실제로 그날의 그는 건강하고 행복하고 기분이 상쾌했다. 따라서 그의 판매 성적도 상쾌 그 자체였다.

세일즈의 일에 자신을 가지게 되자, 젤리는 세일즈맨들을 모아 그가 공부한 대로 교육하게 되었다. 훈련은 회사의 훈련 매뉴얼에 제시된 가장 새롭고 가장 뛰어난 판매 방법을 써서 행하게 되어 있다.

그는 그들을 하나씩 데리고 나와서 올바른 방법을 쓰고 계획을 세워 PMA로 매일 어프로치(approach－접근)하면 세일즈가 쉽게 달성하도록 가르쳤다.

젤리의 그룹은 아침마다 모여 전원이 달성하도록 가르쳤다.

"나는 건강하다. 나는 행복하다. 나는 기분이 상쾌하다."

큰 소리로 외친다. 그러고 나서 다 같이 웃고 어깨를 두들겨 주며 서로 격려하고 저마다 그날의 판매 할당을 달성하기 위해 나간다. 그들이 내거는 목표는 국내 제일의 노련한 세일즈맨이나 세일즈 매니저가 깜짝 놀랄 만큼 높이 평가받는 것이다.

이런 하루하루가 지나 각 주말에 세일즈맨은 전원 젤리의 회사 사장이나 세일즈 매니저를 기쁘게 하는 판매 보고서를 내고 있었다.

과연 젤리와 그 부하는 자기들의 직업에 행복을 느끼고 만족을 맛보고 있는 것일까? 정말 그들은 만족하고 있다.

다음에 그 이유를 몇 가지 들어보자.

01 그들은 자기들의 일을 충분히 연구하고 있으며 법칙이나 기술, 응용 방법을 잘 알고 이해하고 있으므로 자기들이 하는 일에 자연스럽고 만족할 만한 느낌이 있다.

02 목표를 확고하게 정하고 그것을 달성할 수 있다고 믿고 있다.

03 자기의 마음을 움직여 적극적인 마음가짐을 가지고 활동하고 있다.

04 성과가 좋으니까 일에 만족을 느낀다.

★

일에 대한 마음가짐

젤리 아삼과 그의 부하인 세일즈맨들에게 그들의 직업에 대한 만족을 찾아내게 한 것도 모두가 마음가짐 그것뿐이었다.

문득 당신의 주변을 살펴보자. 그리고 자기 일에 만족하고 있는 사람과 만족하고 있지 않은 사람을 비교해 보라. 그들의 장단점은 무엇일까?

행복하고 만족해하고 있는 사람들은 자기 마음을 제어할 줄 안다. 그들은 처해 있는 상황에 대해 적극적인 태도를 보인다. 그리고 좋은 것을 찾고 좋지 않은 것이 있으면 우선 자기 스스로가 어떠한 경우인지를 확인한다. 그들은 자기 일에 대해 열심히 연구하므로 그만큼 일에 숙달하고 자기 자신은 물론이요 경영자에게도 보다 만족감을 느끼게 하는 일을 할 수 있게 된다.

그러나 불행한 사람은 NMA가 그들의 마음을 지배하고 있다. 마치 자기 스스로 불행해지고 싶다고 바라고 있는 느낌이다. 무엇이든 불가능하다고 믿고 있으며 가능하지 않은 것을 찾고 있다.

근무 시간이 너무 길다든가 점심시간이 너무 짧다든가, 상사의 마음이 나쁘다든가 회사가 충분한 휴가나 보너스를 주지 않는다든가, 어느 것이든 불평불만의 재료가 된다. 또는 누구는 매일 똑같은 드레스를 입고 왔다든가, 누구는 읽기 힘든 글씨로 쓴다든가, 자기와는 아무 관계가 없는 것까지 투덜거린다. 이렇게 무슨 일이든 불만의 씨앗뿐이다. 따라서 그들은 자기도 모르는 사이에 불행한 삶을 누리는 인간이 되어 버린다.

어느 땐가는 그들도 멋진 성공을 거두는 일이 있다. 그러나 직업 혹은 그 밖의 점에서도 불행한 인간임에는 변함이 없다. 완전히 NMA에 휘말려 있다.

이것은 직업의 종류와 관계없이 마찬가지이다. 당신이 행복감과 만족감을 찾고 싶다고 생각한다면 그렇게 될 수가 있다. 마음가짐을 조절해서 마스코트를 소극적인 마음가짐에서 적극적인 마음가짐으로 뒤집어 행복을 낳게 하는 방법을 스스로 찾아야 한다.

행복과 열의를 가지고 일을 할 수 있다면, 당신은 다른 사람들이

할 수 없는 일을 해낼 수 있을 것이다. 그러면 일이 즐거운 것이 되고 직업에 대한 만족감은 그의 미소에도 능률적으로 나타날 것이다.

★
명확한 목표를 세워라

우리가 '성공의 과학-PMA'에 대한 강의 시간에 자기 일에 열의를 찾게 하는 법칙에 대해 서로 이야기하고 있을 때, 교실 뒷자리에 있던 젊은 여성이 손을 들었다. 그녀는 일어서서 이렇게 말했다. "나는 제 남편을 따라 여기에 왔습니다. 여러분이 말씀하고 있는 것이 직장에서 일하는 사람에게는 맞을지 모르겠습니다만 가정주부에게는 맞지 않습니다. 여러분은 매일 새로운 도전이나 흥미를 끄는 도전에 부딪치고 있겠지만 가사에는 그러한 일은 없습니다. 가사에 따르는 문제라고 하면 늘 같은 생활이라서 하루하루가 너무나 바보같이 어리석게 느껴집니다."

이것이야말로 우리에게는 진짜 도전과 같이 생각되었다. 하루하루가 너무나 바보같이 어리석게 느껴지는 것은 직장에 나가 있는 사람에게도 많이 나타나기 때문이다.

이런 경우의 젊은 여성을 구제하는 방법이 발견되면 자신이 하는 일이 매우 똑같다고 생각하고 있는 사람들도 구제할 수 있을지도 모른다.

무엇이 가사를 그와 같이 똑같은 하루로 만들어 버리는가를 물어보았다. 그러한 물음에 대한 답은 옷가지를 세탁하고 설거지를 하며 마루를 훔치고 그러한 일의 되풀이뿐이라는 대답이었다. 그녀는 진지한 얼굴로 이렇게 말했다.

"여러분에게 이런 일을 시켜도 할 턱이 없습니다."

"잘 안 될 겁니다."

강사도 그녀의 의견에 동의했다.

"그래도 가사를 즐겁게 돌보고 있는 여성이 있을까요?"

"물론 있다고 생각합니다."

"무엇 때문에 가사를 재미있다가 생각하고 가사에 큰 관심과 열의를 잃지 않는 것일까요?"

그 젊은 여성은 잠깐 생각한 뒤에 이렇게 대답했다.

"아마도 그것은 일에 임한 태도 때문이라고 생각합니다. 그러한 여성은 자기 일을 하찮게 국한해 생각하지 않고 일상적인 것을 초월한 무엇인가를 보고 있는 것 같습니다."

이것이 그 강의의 핵심이 되었다. 직장에 만족을 느끼는 비결의 하나는 일상적인 것을 추월해 보는 것이다. 그것은 자기 일이 자기를 어디인가로 인도해주는 것을 아는 일이다. 이것은 당신이 가정주부이든, 총무과 경리든, 엔지니어이든, 큰 기업체의 경영자이든 어떤 경우에라도 마찬가지다.

★

일상생활에서 만족을 찾아라

그 젊은 여성에 대해서는 정말로 달성하고 싶은 목표를 무엇인가 찾아내고, 매일 행하고 있는 정해진 가사가 그 목표 달성하는 일이라는 답이 나왔다. 그녀는 언제나 가족을 데리고 세계 일주 여행을 하고 싶다고 생각하고 있었던 것을 고백했다.

"좋습니다."

강사는 말했다.

"그러면 그걸 목표로 하지요. 자기 스스로 기한을 결정해 주십시오. 언제쯤 떠나고 싶다고 생각하십니까?"

"우리 아이가 12세가 되었을 때입니다."

그녀는 말했다.

"즉, 지금부터 9년 후입니다."

"그렇기는 하지만 큰일이군요. 우선 돈이 듭니다. 또 바깥어른은 1년간 휴가를 받지 않으면 안 됩니다. 여행 계획도 세우지 않으면 안 됩니다. 방문하는 나라들을 조사해 보지 않으면 안 되겠지요. 그런데 옷가지를 세탁하고 설거지를 하며 마루를 청소하는 것으로 목표를 달성하는 주춧돌로 여기는 방법을 발견해 낼 수가 있다고 생각되지 않으십니까?"

그 일이 있고 나서 몇 개월 후에 이 이야기의 여성이 우리 교실에 나타났다. 그녀가 교실에 들어왔을 순간, 그녀가 자신의 삶을 만족스럽게 생각하고 있다는 것을 알았다.

"인생에 주춧돌이 되지 않는 잡스러운 일은 하나도 없게 되고 말았습니다. 나는 청소 시간을 생각하거나 계획을 세우거나 하는 시간으로 사용하고 있습니다. 쇼핑 시간은 시야를 넓히기에 알맞은 시간입니다. 나는 여행 중에 먹게 될 여러 식품을 수입품으로 사도록 하고 있기 때문입니다. 식사 시간은 교육 시간으로 하고 있습니다. 달걀이 든 중국 가락국수를 먹으려 할 때는 중국인에 관한 책을 읽어서 식사 때 그것을 가족에게 들려줍니다."

그러고 나서 다시 계속했다.

"앞으로 재미없는 일은 없습니다. 다시 그전처럼 따분하게 돌아가는 일은 없겠지요."

만일 당신의 직업이 아무리 단조롭고 따분하더라도 최후로 지향하는 어떤 목표가 있으면 그 직업은 당신에게 만족을 줄 수가 있다. 이것은 어느 직업이든 많은 사람에 대해서도 말할 수 있다.

어떤 젊은이가 의사가 되고 싶다고 생각하면 그렇게 되기 위한 학교 교육을 받지 않으면 안 된다. 그가 선택한 직업은 시간·개업 장소·보수의 정도 등 많은 요인에 의해 좌우된다. 우선은 적성 같은 것은 문제가 되지 않는다.

이렇듯 소요되는 많은 요인 때문에 아무리 머리가 좋고 야심적인 젊은이라도 일생 세차를 하거나 도랑을 파거나 하며 끝날지도 모른다. 직업은 맞서거나 자극을 주거나 해주지는 않는다. 다만 목적을 달성하기 위한 수단에 지나지 않는 것이다. 그것도 자기 희망대로 나가고 있는 것은 확실하니까 직업으로 인한 어떤 고생이 따르더라도 최종 결과는 그 사람이 만족할 만한 것이다.

때로는 주어진 직업에 지급하지 않으면 안 되는 희생이 지향하는 목표에 비해 너무 비쌀 수가 있다. 공교롭게도 그러한 직업을 갖게 되었을 때는 그 직업을 바꾸어야 한다. 비참한 생각으로 일하고 있으면 그 불만의 독소가 생활의 모든 면에 오염되어 버리므로 수습할 수 없는 지경에 이르는 것이다.

그러나 그 나름대로 희생을 치러도 여전히 자기 직업이 싫어서 견딜 수 없을 때는 번득이는 자극을 주는 불만을 길러야 한다. 불만이란 것도 조건 여하에 따라서 플러스가 되기도 하고 마이너스가 되기도 한다. 좋아질 수도 있고, 나빠질 수도 있다.

언제나 적극적인 마음가짐은 주어진 상황에 맞는 마음가짐이라는 것을 생각하라.

불만의 의미를 깨달아라

프랭클린 생명보험회사의 찰스 베이커 사장은 말한다.

"나는 타인에게 불만을 가지라고 권유하고 있다. 불만이라 해도 불평불만의 의미에서의 불만이 아니라, 세계의 온 역사를 통해 모든 참된 진보와 변혁을 낳게 하는 성스러운 의미에서의 불만이 있다. 그러므로 만족하는 것은 금물이다. 끊임없이 자기 자신만이 아니라 자기를 둘러싼 세계를 개혁하여 완전한 것으로 만들고 싶다는 충동에 휘감기도록 하는 편이 좋다고 생각한다."

이런 종류의 불만은 죄 많은 인간을 성자로, 실패를 성공으로, 빈곤을 부유로, 패배를 승리로, 불행을 행복으로 바꾸는 동기를 사람에게 줄 수가 있다.

나폴레옹 힐은 말하고 있다.

"어떠한 불운에도 그와 대등한 이익을 낳는 씨앗이 있다."

과거에 있어 심한 고생이나 불행한 경험으로 생각했던 것이 뜻하지 않게도 성공이나 행복을 지향하여 뻗치는 용기를 준다는 것은 믿을 만한 사실이 아닐까?

아인슈타인은 '뉴턴의 법칙'이 모든 문제에 해답을 주지 않는 것에 불만을 느끼고 있었다. 그래서 그는 자연이나 고도한 수학에의 탐구를 계속해 드디어 '상대성 원리'를 발견했다. 그리고 이 이론을 기초로 해서 '세계의 원자를 파괴하는 방법'을 개발하며 '에너지를 물질로, 물질을 에너지로' 바꾸는 비밀을 알아내어 우주에 도전하고 정복하는 데 성공한 것이다.

이렇듯 경이적인 것은 어떤 것이든, 만약에 아인슈타인이 '번득임을 주는 불만'을 기르지 않았더라면 '상대성 원리'는 태어나지 않았을 것이다.

그러나 번득임을 주는 불만에서만이 세계를 바꾼다고는 할 수가 없다. 또 자기 세계를 바꾸어 자기가 가고 싶은 방향으로 나아가게 할 수는 있다. 클라렌스 란체가 자기 직업에 불만을 가졌을 때 그에게 어떤 일이 일어났는가를 얘기해 보자.

◆　◆　◆

　클라렌스 란체는 오랫동안 오하이오주 캔턴에서 시내 전차의 차장 노릇을 하고 있었다.

　어느 날 아침, 그는 눈을 뜨자 자기가 하는 지금의 직업이 싫다고 생각했다. 그는 직업상의 일은 똑같은 일의 되풀이였으므로 싫증이 나 있었다.

　그렇다고 생각하면 생각할수록 불만이 점점 더해질 뿐이었다. 불만이 쌓여 강박관념에 사로잡힐 것 같았다. 이때의 클라렌스가 가슴에 품고 있던 불만은 대단히 강한 것이었다.

　어떤 경우의 사람이든지 자기처럼 긴 세월을 시내 전차의 회사에 근무하고 있다면 누구나 불행하다고 생각할 것이라고까지 느껴지자 자기가 불행하다는 생각이 좀처럼 그의 머리에서 떠나지 않는 것이었다.

　그런데 클라렌스는 적극적인 사고(PMA) - 성공의 과학 - 강좌를 받고 있고, 가능하다면 어떤 직업에도 만족할 수 있다는 것을 배우고 있었다. 지금 그가 해야 할 일은 올바른 태도를 보이는 것이었다.

"어떻게 하면 일이 즐거워질 것인가?"

그는 자기 자신에게 물어보았다. 그리고 아주 좋은 대답을 생각해냈다. 그 대답은 타인을 행복하게 해주면 자기도 행복해진다고 생각했던 것이었다.

그의 주위에는 행복하게 해줄 수 있는 사람이 너무나 많이 있었다. 왜냐하면, 매일 전차 속에 많은 사람을 만나고 있었기 때문이다. 그는 언제나 아무하고도 쉽게 친구가 될 수 있는 성격의 소유자였기 때문에 이렇게 생각했다.

'이런 나의 특기를 살려서 전차를 타는 사람들의 나날을 조금이라도 명랑한 것으로 만들어 주면 어떨까?'

클라렌스의 생각은 훌륭한 것이었다. 그의 꾸밈새 없는 명랑한 인사는 그들을 대단히 즐겁게 해 주었기 때문이다. 따라서 그들이 즐거워하면 당연히 클라렌스도 즐거워졌다.

그러자 그의 감독자는 그와 반대의 태도를 보였다. 감독자는 클라렌스를 불러서 필요 이상으로 서비스하는 것을 그만두라고 경고했다.

그런 상황에도 클라렌스는 귀를 기울이지 않았다. 그 후에는 더욱 성의를 가지고 힘을 썼다. 그렇게 함으로써 그는 승객들과의 인간관계에 있어서 큰 성공을 거두고 있었다.

그러나 클라렌스는 그런 것을 경고하던 감독자에게 해고를 당한 것이었다.

클라렌스는 커다란 문제였지만 그것도 좋은 일이었다. 적어도 PMA-성공의 과학-강조에서 배운 바로는 그런 현상은 좋은 일을 이룰 수 있는 변화의 조짐이었다.

이렇게 된 이상 클라렌스는 나폴레옹 힐을 찾아가 이 문제를 어떻게 하면 좋은가, 그 이유를 분명히 밝혀 두는 편이 좋다고 생각했다. 그래서 그는 캔턴에 사는 힐에게 전화를 걸어서 이튿날 오후에 만날 약속을 했다.

"선생님, 저는 '생각하라, 그러면 부자가 될 수 있다'라는 책을 읽고, PMA-성공의 과학-을 공부했습니다만 어디에선가 길을 잘못 든 것 같습니다."

그러고 나서 그는 나폴레옹 힐에게 자초지종을 얘기했다. 그리고 마지막을 이렇게 마무리 지었다.

"저는 지금 무엇을 하는 것일까요?"

그의 물음에 나폴레옹 힐은 미소 지으며 말했다.

"당신의 문제를 잘 생각해 봅시다. 당신은 하고 있던 일에 불만을 느끼고 있었습니다. 그래서 당신은 친밀한 성격인 당신의 재능을 살려 자기 일에서 만족감을 얻음과 동시에 남에게도 만족을 주려고 한 셈이지요. 그러나 문제는 당신의 상사가 당신이 하고 있던 일을 바르게 보는 눈을 가지고 있지 않았다는 데서 생겼습니다. 그렇지만 그것은 훌륭한 일이었습니다. 왜냐하면 지금의 당신은 전보다 더 큰 목표를 위해 그 훌륭한 개성을 살릴 수 있기 때문입니다."

그러고 나서 나폴레옹 힐은 전차의 차장보다 세일즈맨이 되는 편이 그의 훌륭한 능력이나 사람이 따르는 그의 개성을 살릴 수 있다는 것을 클라렌스 란체에게 가르쳐 주었다. 그리하여 그는 뉴욕 생명보험회사의 세일즈맨으로서 직업을 얻었다.

직업을 바꾼 클라렌스가 최초로 방문하기로 작정한 첫 번째 손님은 그가 근무하고 있던 시내 전차회사의 사장이었다. 클라렌스는 그 신사에게 자기의 개성을 있는 그대로 드러내 보였다. 이윽고 그가 사무소에서 나왔을 때 10만 달러의 생명보험에 든 신규 가입서를 손에 쥐고 있었다.

마지막으로 힐이 란체와 만났을 때는 그는 이미 뉴욕에서도 일류의 보험 세일즈맨이 되어 있었다.

★

환경에 맞출 일이다

어떤 환경 속에서 당신을 행복하게 하거나 성공시키는 개성이나 재능, 능력은 서로 반대 작용을 미치게 하는 것이 있다.

감정이 나중에까지 남는 일을 마지못해서 하거나 어딘지 모르게 마음에 들지 않는 일을 하고 있으면 당신은 '동그란 구멍에 네모진 나무못'이란 말을 듣게 된다. 이러한 불행한 처지에 놓여 있을 때는 직업을 바꿈으로써 즐거운 환경으로 옮길 수가 있다.

그러나 직장을 바꿀 수가 없는 예도 있다. 그때는 당신의 개성ㆍ

재능·능력에 맞도록 직장을 조정할 수가 있으니까 역시 즐겁게 일
하게 될 것이다. 즉, 앞서 말한 동그란 구멍을 네모지게 한다는 것
이다. 이 해결법은 소극적인 태도에서 적극적인 태도로 바꾸는 데
도움이 될 것이다.

그렇게 하고 싶은 소망을 끌어내어 계속 품고 있으면 당신의 습
관을 없애거나 바꾸거나 하여 새로운 습관을 몸에 지닐 수 있게 되
는 것이다

진심으로 그럴 생각이라면 정신적·도덕적 갈등에 견디는 각오
를 해야 한다. 그만큼의 대가를 치를 의지가 있으면 갈등은 극복될
수 있다. 그러나 전부 지급하고 나면 새로이 몸에 지닌 특성이 눈
에 띄게 될 것이다.

그렇게 되면 당신은 행복해질 수가 있다. 개운치 않은 감정이 나
중까지 남게 되는 일 없이 원하고 있는 일을 하게 되기 때문이다.

적극적인 마음가짐으로 계획하고 있는 일에 성공하려면 내면에
서의 싸움이 계속되는 동안 육체적·정신적·도덕적 건강을 유지
하도록 노력할 필요가 있다.

직업에 불만을 느끼고 있을 때 그것을 이겨내는 법칙

자기의 재능을 살려 남에게 즐거움을 주는 것에 만족하라.

PART 3

평화와 행복을 얻는 방법

자기 자신을 발견하고 자기 자신이 되어라. 그리고 일에 흥미를 느껴라.
아니면 번민에서도 해방되게 마련이니, 결국은 승진은 물론
급료도 오르게 되는 것이다. 그보다는 피곤을 최소한 줄이게 되고
그 여가에 즐거움을 느끼게 되는 것이다.

나를 아는 자신이 되어라

나는 얼마 전 에디스 얼렛 부인한테서 편지 한 통을 받았다. 그 사연은 이러하다.

◆　◆　◆

저는 어렸을 때 지나치게 감정이 예민하고 수줍기 짝이 없었습니다. 저의 몸이 너무 뚱뚱한 데다가 양쪽 볼이 축 처져서 실제보다 몸이 더 비대한 것처럼 보였습니다. 저의 어머니는 옛날식이어서 고운 의상이 필요 없다고 생각하였으며, 언제나 '크고 넉넉한 옷은 입을 수 있어도 작은 옷은 찢어진다.'라는 말을 하고 제 옷도 그러한 식으로 만들어 주셨습니다. 저는 절대로 어떠한 파티에도 참여하지 않았고 운동 경기 같은 데도 참가하지 않았습니다. 저의 부끄러움은 거의 병적이었으며 저는 다른 모든 사람보다 '모자라는 사람'이라고 자처하는 가운데 전혀 소용없는 인간이라고까지 생각하였습니다.

제가 장성하자 저는 저보다 나이가 많은 어떤 남자와 결혼하였습니다. 그러나 저에게는 아무런 변화가 오지 않았습니다. 저의 시집 식구들은 퍽 점잖고 자신에 찬 사람들이었습니다. 모든 점에 있어서 아무것도 나무랄 데 없는 사람들이었습니다만 저는 도무지 거기에 끼지를 못했습니다. 저는 그들과 친해지려 하였으나 그렇게 되지를 않았습니다. 그들이 저를 자기편으로 끌어들이려 하면 할수록 저는 점점 그들과 멀어지게 되었습니다. 저는 신경질이 되고 역정이 나기 시작하였습니다. 저는 모든 친구를 피하였습니다. 그리하여 문밖의 초인종이 울리는 것도 무서울 지경이었습니다. 저는 완전히 낙오자가 되었습니다. 저 자신도 그것을 알았으며 저의 남편이 그것을 알까 봐 두려웠습니다. 그리하여 혹 공석에 나갈 때는 일부러 번드레한 차림을 하고 재롱스러운 행동도 하여 보았습니다. 그러나 그러한 행동을 의식적으로 취한 후에는 마음이 도리어 전보다 더 불쾌해졌습니다. 그러다가 나중에는 세상에 사는 의의조차 잃어버리게 되어 자살까지 생각해 보았습니다.

그렇다면 무엇이 이 불행한 여자의 생활을 고쳐 주었을까? 우연한 기회에 그가 들은 한 마디의 말이었다.

얼렛 부인의 편지는 그대로 계속된다.

◆ ◆ ◆

　우연한 기회에 들은 한마디의 말이 제 생활을 근본적으로 고쳐 주었습니다. 어느 날 저의 시어머니는 어떻게 자신이 자녀를 길러 냈는지를 말씀하시다가 '어떠한 일이 있든지 간에 나는 언제나 자식들에게 자기 자신이 되기를 권하였노라.'라고 말씀하셨습니다……. '자기 자신이 되자!' 바로 이 말이었습니다. 그 자리에서 제 머리에 문득 떠오른 것은 저의 모든 불행이 저에게 맞지 않는 틀에 저 자신을 억지로 맞추려고 하는 데 있다는 것을 깨달았습니다.

　저는 하룻밤 사이에 마음을 고쳐먹고 제가 저 자신이 되기를 결심하였습니다. 저는 저 자신의 개성을 연구하려고 하였습니다. '저의 생긴 그대로'를 찾아보려고 하였습니다. 저는 저의 장점을 발견하는 동시에 제 의사의 빛깔과 모양을 될 수 있는 데까지 잘 연구하여 저의 몸에 맞게 만들었습니다. 나아가 저는 친구도 사귀고 사회단체에도 가입하였습니다. 처음에는 조그마한 모임에 참가하였으나 나중에는 그들이 저를 연사로 선택하게까지 되었습니다. 저는 처음에는 두려움에 떨었으나 한 번 두 번 해나가는 동안에 용기를 얻었습니다. 물론 오랜 세월에 이루어진 것이었지만 지금 와 생각하니 전에는 꿈에도 생각해 보지 못할 만큼 행복해졌습니다. 저는 지금 저의 자녀를 기르는 데도 제가 그와 같은 쓰라린 경험에서 얻은 교훈을 항상 그들에게 가르치고 있습니다.

즉 '어떠한 일이 있더라도 언제나 자기 자신이 되어라!'

이처럼 자기 자신이어야 한다는 문제는, "역사와 같이 오래되었고 인간 생활과 같이 보편적인 것"이라고 제임스 길키 박사는 말하고 있다.

자기 자신이 되기를 싫어한다는 문제는 모든 신경증과 정신이상, 강박관념의 원동력이 되고 있다.

안젤로 패트리는 아동 교육 문제에 관하여 열세 종류의 책을 쓰고 수천 편의 신문 사설을 쓴 사람이었는데, 그는 '누구보다도 제일 비참한 인간은 자기의 몸과 마음속에 있는 자기 자신이 되려고 하지 않고 그와 다른 사람이나 그와 다른 그 무엇이 되기를 원하는 사람이다.'라고 말했다.

당신은 이 세상에서 새로운 그 무엇이다. 당신은 그것을 기뻐하고 조물주가 당신에게 부여한 그것을 가장 적절하고 유효하게 이용해야 한다. 결국에 있어서 모든 예술은 '자서전'으로 이루어진 것이다.

당신은 오직 그대로를 노래하고 그대로를 그릴 수 있을 뿐이다. 당신은 당신의 경험과 환경, 그리고 당신이 유전이 만들어 놓은 당신이 되지 않으면 안 된다.

좋거나 나쁘거나 당신은 당신 자신의 조그마한 정원을 가꾸어야 할 것이며, 좋든 싫든 당신은 인생이라는 오케스트라에서 당신 자신의 작은 악기를 연주해야 할 것이다.

에머슨은 '자립'이라는 그의 평론에서 이렇게 말하고 있다.

"모든 사람의 교육에 있어서 반드시 다음과 같은 신념에 도달하는 때가 있다. 즉 질투는 무지한 까닭이며, 모방은 자살 행위이다. 그러므로 좋든 싫든 자기 자리에 자기 자신을 앉혀야 한다는 것과 아무리 넓은 우주 사이에 좋은 것이 가득 차 있더라도 자기에게 사려고 내어 준 땅 위에 자기의 노력을 제공하지 않고서는 기름진 곡식 한 톨도 자기에게 돌아오지 않는다는 신념이다. 자기에게 부여된 힘은 자연에 있어서 전혀 새로운 것이다. 따라서 자기가 할 수 있는 것을 아는 사람은 자기 자신 이외에 아무도 없는 것이다. 또한 자기가 실제로 하여 보기 전에는 그것이 무엇인가를 알 수 없다."

이것이 에머슨의 말이다. 시인 더글러스 머룩은 이렇게 표현하였다.

언덕 위에 소나무가 되지 못하거든
산골짜기의 차디찬 나무가 되어라. 그러나
시냇가의 키 작은 아름다운 나무가 되어라.
나무가 되지 못하거든, 덩굴이 되어라.
그대 만일 덩굴이 될 수 없거들랑
한 줌 작은 풀이 되어 큰길을 아름답게 할지어다.

송어가 못 되거든 농어가 되어라.
호수에서 펄펄 뛰는 농어가 되어라.

모두가 선장이 못 되거든
선원이 되어라.
그대들은 이곳에서 제각기 할 일이 있나니
어떤 것은 큰일이요, 어떤 것은 작은 일이로되
그대들이 해야 할 과업은 가까운 곳에 있느니라.

큰 길이 되지 못하거든 작은 길이 되어라.
태양이 못 되거든 별이 되려무나.
그대의 성공과 실패는 크고 작은 데 있는 것이 아니니
그대의 생긴 대로 최선을 다하라!

우리에게 평화를 가져오고 근심 걱정을 물리쳐 주는
정신적 태도를 기르기 위한 법칙

남을 모방하지 마라. 자기 자신을 발견하고 자기 자신이 되어라.

피로와 번민을 막는 좋은 습관

★

좋은 습관 제1법칙

필요한 서류 이 외는 모두 책상에서 치워라

시카고의 북서방 철도회사 사장인 로란드 L. 윌리엄은 이렇게 말하고 있다.

"여러 가지 서류를 책상 위에 산같이 쌓아 두고 있는 사람이 있으나, 지금 곧 필요로 하지 않는 물건을 전부 치워 버리면, 좀 더 쉽고 정확하게 일들이 처리된다는 것을 알게 되리라. 나는 이것을 '필요한 정치'라 부르고 있다. 이것이야말로 능률을 올리는 제일보이다."

워싱턴의 국회 도서관에는 같은 말이 있다.

"질서는 하늘의 제1의 법칙이다."

질서는 만사의 제1의 법칙인 것이다. 그러나 대개의 비즈니스맨의 책상에 몇 주간이나 보지 않았으리라 생각되는 서류로 가득 차 있다.

사실 뉴올리언스의 어느 신문사의 발행인이 나에게 얘기한 것인데 비서가 그의 책상 하나를 치웠더니, 2년 전에 분실한 타이프라이터가 나왔다고 했다.

회신하지 않은 편지·보고서·메모로 널려져 있는 책상은 보기만 해도 혼란하고, 긴장하고, 번민이 생길 것이 분명하다. 그 이상으로 또 좋지 않은 일이 있다. 그것은 예의, '해야 하는 많은 일을, 그것을 할 시간이 없으므로'라는 것이다.

이것은 사람을 긴장과 피로에 쫓기게 되는 것뿐만 아니라, 고혈압과 심장병, 위암을 발생케 하는 것이다.

펜실베이니아 대학교수인 존 H. 스토크 박사는 미국 의학협회에 '환자의 정신 상태에 대한 고찰'이란 11개의 조건을 내놓고 있다. 그 제1의 항목은 다음과 같다.

'해서는 안 된다 하는 관념 혹은 의무감, 해야 하는 일을 택하는 것을 모르는 긴장감'

그러나 책상을 정돈하고 결단을 내릴 수 있는 기본적인 방법으로, 해야 하는 일을 택하지 못하는 긴장들을 방지할 수가 있는 것일까?

유명한 정신병 학자인 윌리엄 사트라 박사는 이 간단한 공부를 하는 데 있어서 신경쇠약을 방지한 환자의 이야기를 들려주었다.

그 남자는 시카고의 대회사의 중력이었는데, 사트라 박사의 사무실에 찾아왔을 때는 번민에 싸이고 항상 긴장하고 있었는데, 마치 정신병자 직전이었다.

그러므로 만사를 멀리하지 않으면 안 되었다. 그래서 의사의 조력을 구하기 위한 것이었다.

사트라 박사는 이렇게 말하고 있다.

"이 남자와 면담하고 있을 때, 전화벨이 울렸다. 그것은 병원에서 온 것이다. 나는 평상시대로 그 용건을 즉석에서 처리했다. 그것이 내 방침이었다. 그것이 끝나자 곧이어 또 전화가 걸려왔다. 긴급을 필요로 하는 문제였기 때문에 잠깐 이야기를 계속했다. 세 번째의 방해자는 나의 동료의 방문이었다. 중환자의 조치에 있어서 내 의견을 듣고자 찾아온 것이다. 그 용건이 끝나자 나는 손님 쪽을 향하고 오랫동안 기다리게 한 것을 사과했다. 그런데 그는 아주 밝은 얼굴을 하고 있었다."

"아닙니다. 별말씀을 다 하십니다, 선생님."

이 남자는 사트라에게 말했다.

"이 10분간에, 저는 저 자신의 잘못을 알 것 같은 기분입니다. 저는 사무실로 돌아가서, 모든 습관을 고쳐야겠습니다. 그전에 선생님, 실례지만 선생님의 책상을 보여 주셨으면 감사하겠습니다."

사트라 박사는 책상을 보여 주었다. 책상은 깨끗했다. 책상 위에도 서랍에도 서류라든가 메모 같은 것은 있지 않았다.

"아직 처리하지 못한 일은 어디에 두십니까?"

"모두 처리했습니다."

사트라 박사는 대답했다.

"회신하지 않은 편지 같은 것은?"

"한 통도 없습니다. 나는 편지를 받는 즉시 회신을 해주고 있습니다."

6주일 후에 회사 중역은 사트라 박사를 자신의 사무실로 초대했다. 그는 완전히 변화되어 있었다. 그리고 그의 책상도 변화되어 있었다. 그는 책상 서랍을 열어서 보여 주었다. 그 안에는 아직 처리하지 않은 일거리는 아무것도 없었다. 그리고 중역은 말했다.

"6주일 전만 해도, 저는 2개의 사무실에 3개의 책상을 가지고 있었습니다. 책상은 미해결의 일들로 묻혀 있었습니다. 일들을 모두 마치는 때는 없었습니다. 그런데 선생님과 이야기를 나눈 후에, 이곳에 와서 보고서와 오래된 서류를 모두 정리해 버렸습니다. 지금 저는 하나의 책상에서 일하고 일이 오면 즉시 처리하며, 미해결의 일 때문에 당황하거나 긴장하거나 번민하는 따위는 일절 하지 않습니다. 그러나 가장 경이적인 것은 제가 완전하게 회복되었다는 것입니다. 저에게는 이제 어느 곳에도 두려움은 없습니다."

미국 최고 재판소장이었던 찰스 에바스 휴즈는 말했다.

"인간은 과로가 원인이 되어서 죽지는 않는다. 낭비와 번민이 원인이 되어서 죽는 것이다."

★

좋은 습관 제2법칙
중요한 정도에 따라서 일을 처리해 나가라

시지스 서비스 회사의 창립자인 헨리 L. 도우하치는, 샐러리맨들의 급여와 관계없이 보이지 않는 재능이 두 가지 있다고 말했다.

이 더없이 귀중한 능력이라고 하는 것은, 하나는 '생각하는 능력'이고 또 하나는 '중요한 정도에 따라 일을 처리해 가는 능력'인 것이다.

최하 말단에서 시작하여 20년 만에 베프스탠드 회사의 사장으로 출세한 찰스 록크만은 헨리 도우하치가 말한, 보이지 않는 두 가지 재능을 받아들여서 성공했다고 단언했다.

찰스 록크만은 말했다.

"나는 실로 오래전부터 아침 5시에 일어나고 있다. 왜냐하면 이른 아침에는 모든 것이 잘 생각나기 때문이다. 하루의 계획을 세우고 모든 일을 그 중요한 정도에 따라서 처리할 수 있게 계획을 세우는 데는 이른 아침이 가장 좋다."

미국에서 가장 성공한 보험회사 외판원의 한 사람인 프랭클린 베트거는 하루의 계획을 세우는데 아침 5시까지 기다릴 수가 없어서, 그는 전날 저녁에 그것을 계획했다.

다음 날 가입시킬 보험액을 결정한다. 만일 가입액이 남으면 그

금액을 다음 날의 목표액에 부가하는 것이다.

나는 오랜 경험에서, 인간은 항상 만사를 그 중요한 정도에 따라서 처리하지 않는다는 것을 알고 있다.

그러나 또한 제일 중요한 일을 제일 먼저 하려는 계획이 실천될 듯 말듯 하는 것보다는 차라리 계획을 세우지 않는 것이 옳다는 것도 알고 있다.

만일 조지 버나드 쇼가 제일 중요한 일을 최초에 할 것을 엄중히 강조한 법칙에 의하지 않았다면 아마도 그는 작가로서는 실패하고 말았을 것이며 일생을 은행의 출납계원으로 끝마쳤을지도 모른다.

그의 계획은 반드시 매일 5페이지를 쓰는 것이다. 이 계획으로써 그는 9년간을 노력하여 매일 5페이지를 쓰는 것을 계속했다.

좋은 습관 제3법칙
문제에 직면하면 그 즉석에서 해결하라

만일 결단이 필요하다면 결단을 연기하지 마라.

나와 동급생이었던 H. P. 하우엘은 나에게 말했다.

그가 U.S 스즈르 사의 중역이었을 때에, 중역 회의는 언제나 장시간이 걸리고, 많은 의안이 심의되었으나 결정은 대부분 연기되어 미뤄지고 있었다.

그 결과, 각 중역은 많은 보고서를 집에까지 가지고 가서 연구하지 않으면 안 되었다.

이에 하우엘 씨는 한 번에 한 의안만을 상정해서 심의 결정할 것을 제안하자고 전원을 설득했다. 연기한다든가, 집으로 가지고 돌아간다든가 하는 일이 없도록 하고, 새로운 보고를 하고, 어떤 일을 실행하고, 하여간 그것을 결정하지 않고서는 다음의 의안을 상정하지 않게 한 것이다.

그 결과는 실로 놀랄 만한 것이었다. 모든 서류를 정리되고, 일정표는 깨끗이 처리되고, 보고서를 집에까지 가지고 갈 필요가 없게되었다. 더욱이 미해결의 문제에 머리를 어지럽히지 않아도 된다는 점이었다.

이것은 스즈르 사의 중역 회의에서만 아니라, 우리에게 있어서는 좋은 법칙이다.

좋은 습관 제4법칙
조직화하고, 대리화하고, 지휘화하는 것을 배워라

많은 경영인은 타인에게 책임을 위임하는 것을 모르고 있다. 자기 혼자서 하려고 하므로, 아직 그 정도의 나이가 아닌데도 죽어간다. 자질구레한 일에도 압도되어, 번민과 불안과 긴장과 초조 등에 쫓기고 쓰러진 결과이다.

책임을 위임하는 것을 배운다는 것이 쉽지는 않다.

나는 경험상, 믿을 수 없는 사람에게 권위를 위임한 데서 일어난 재난을 알고 있다. 그러나 책임을 위임한다는 것은 어려운 것이지만, 중역들은 번민·긴장·피로를 피하고 싶다면 그것을 실행하지 않으면 안 될 것이다.

대사업을 이룩한 사람으로 조직화·대리화·지휘화할 것을 배우지 못한 사람은, 50세에서 60세 초기에 심장병으로 안타깝게 세상을 하직하는 것이다.

무엇이 사람을 피로하게 만드는가

여기에 놀랄 만하고 의미심장한 사실이 하나 있다. 그것은 다름이 아니라 정신적인 작업만으로는, 우리 인간은 피곤하지 않는다는 것이다. 어쩌면 바보 같은 소리를 한다고 할는지 모르겠지만 사실은 과학자들이 인간의 두뇌가 피곤하려면 얼마만 한 긴 시간이 있어야 하는가를 발견하려고 실험한 적이 있었다. 그들이 발견한 것은 활동 중에는 전연 피곤한 기색을 보이지 않았다는 것이다.

그날그날 힘든 일을 하는 노동자들의 몸에서 뽑은 혈액에서는 피곤을 유발하는 독소가 가득 차 있었으나 알베르 아인슈타인의 뇌에서 뽑은 혈액에서는 그것이 하루가 끝나는 시간에서도 피곤을 유발하는 독소는 보이지 않았다는 것이다.

하루 8시간이나 12시간을 활동하고 난 후에도 처음 활동을 시작할 때와 마찬가지로 뇌는 조금도 피곤할 줄 모르는 것이다. 그러면 무엇 때문에 인간은 피곤해지는가, 피곤함을 느끼는 원인은 무엇인가?

정신병학자들이 말하는 것을 인용한다면 우리들의 피곤을 느끼는 대부분은 다름이 아니라 우리들의 정신적이며 감정적인 태도에 원인이 있다고 단언하고 있다.

영국의 유명한 정신병 학자의 J. A 하터휠트는 그의 저서 '힘의 심리'에서 말했다.

"우리의 괴로움인 피곤 대부분은 정신적인 원인에서 온다. 순수한 육체적인 원인에서 오는 피곤은 실은 아주 적은 것에 불과하다."

미국의 저명한 정신병학자의 한 사람인 피릴 박사는 이보다 한층 발전적인 학술로, "건강한 사무원의 피로는 백 퍼센트 심리적 요소로, 다시 말하면 감정적 요소가 원인이다."라고 단언했다.

그렇다면 어떤 종류의 감정적 요소가 사무원을 피곤하게 하는 것일까 알아보자. 즐겁다든가, 만족하다든가, 또는 불쾌하다든가, 유쾌하다든가, 굴욕과 원한, 정당하게 평가받지 못하고 있다는 기분과 계속 일을 하고 있다는 기분 · 초조 · 불안 · 번뇌 등 이러한 감정적인 요소가 사무원들을 피곤케 하여 감기에 걸리고 일의 능률이 낮아져서 신경질이 나고, 따라서 두통을 앓는 채 집으로 돌아가는 것이다.

우리는 자기의 감정이 신체 내에서 신경적 세포를 긴장시킴으로써 그 때문에 피곤해지는 것이다.

이러한 사실을 지적한 책자는 기술하고 있다.

"격심한 일에서 오는 피곤을 대부분 종합해 보면 충분한 수면과 휴식에서 회복된다. 번뇌와 긴장과 감정의 혼란이 피곤의 3대 원인이다. 육체적으로나 정신적으로 부담을 자주 느끼고 있는 그것 자체가 커다란 원인이다. 긴장해 있는 근육은, 즉 활동하고 있는 근육이라는 것을 잊어서는 안 된다. 그러므로 우리는 많은 일을 하기 위한 에너지를 간직하여야 한다."

지금 즉시 일을 멈추고 자기 자신들을 돌아보라.

이 책을 읽고 있는 동안에 당신은 책을 뚫어지게 바라보고 있지 않은가? 눈과 눈 사이에 긴장을 느끼고 있지 않은가? 긴장한 자세로 의자에 앉아 있지는 않은가? 어깨를 으쓱 올리고 있지는 않은가? 얼굴에 굳은 표정을 짓고 있지는 않은가?

만일 당신은 전신이 헝겊을 만든 인형처럼 자연스럽고 부드럽지가 않다면 이 순간에도 정신적인 긴장과 근육적인 긴장을 하고 있다. 다시 말하자면 당신은 신경적인 긴장으로 인한 피곤과 근육적인 긴장으로 인한 피곤을 느끼고 있다.

그렇다면 왜 우리는 정신적인 노동을 하는 데 있어서, 이런 불필요함이 있어서는 안 될 긴장을 갖게 되는가?

조스린은 말한다.

"어려운 일일수록 노력해야 하는 정신이 필요하다. 그 노력이 없어서는 쉽게 이루어지지 않는다는 것을 일반적으로 알고 있는 그 자체가 커다란 장애인 것이다."

그러므로 우리는 정신을 모아서 책을 읽을 때는 표정을 굳게 하고 어깨를 추켜세우는 것은 노력하겠다는 동작이므로 근육에 힘을 주게 된다. 그러나 그것은 어디까지나 뇌 움직임의 조력이 없어서는 이루어지지 않는다. 즉 뇌의 활동이 동시에 일어난 것이다.

여기에 놀랍고도 가슴 아픈 진리가 있다. 그것은 돈을 낭비한다고는 꿈에도 생각 못 하는 대부분 사람이 술을 마시고 취해서 비틀비틀하는 것과 같이 그들은 또한 에너지를 낭비하고 있다는 것이다.

그렇다면 이 신경의 피곤함에 대하여 어떠한 대책은 없는가!

그것은 바로 휴식이다. 휴식!

"일하려거든 휴식하는 재주를 배워라!"

쉬운 일이라고? 천만에!

아마 당신은 당신의 습관을 일대 전환하지 않고서는 되지 않을 것이다. 그러므로 그것은 노력해야 할 가치가 있다. 그리하여 당신의 생애에 일대 혁명이 올지도 모르는 일이 아닌가.

윌리엄 제임스는 그의 '휴양의 복음'이라는 에세이 중에서 다음과 같이 서술하고 있다.

"미국인은 지나치게 긴장하고, 작은 일에도 기를 쓰고 쉽게 탄식하고 강박하고 안타까운 표정이다 …… 이것은 실로 몹시 나쁜 습관으로써 반드시 고쳐야 한다."

긴장은 습관이다. 휴식도 습관이다. 나쁜 습관은 타박해야 하는 것과 마찬가지로 좋은 습관은 잘 키워야 한다. 또 형성되는 것이다

그렇다면 나쁜 습관을 어떻게 버려야 하는가? 어떻게 고쳐야 하는가? 마음부터 고쳐 나가야 할까? 그러나 어느 쪽도 아니다. 항상 근육을 쉬게 하는 것부터 시작해야 한다.

그럼 어떻게 해야 하는지 한 가지 실험해 보기로 하자.

눈부터 시작하자. 이 구절을 다 읽고 나면 눈을 감자. 그리고 조용하게 눈을 향하여 말하라.

"쉬어라, 쉬어라. 긴장하지 마라. 얼굴을 찡그리지 마라. 그리고 쉬어라, 쉬어라."

1분간 몇 번이라도 이렇게 조용히 말을 계속하라.

2~3초 계속하면 당신은, 눈의 근육이 그것으로 끝인지 시작인지 직감할 수 없었지만, 또는 누구의 손이 와서 긴장을 가져갔는지 느낄 수 없었지만, 아마 이런 것들을 믿지 않을는지도 모르지만, 하여튼 당신은 1분간에 휴양하는 기술의 모든 키와 비결을 얻을 것이다.

턱과 얼굴의 근육, 목, 머리, 어깨 등에 있어서도 똑같은 방법을 이용하면 되는 것이다. 그러나 제일 중요한 곳은 눈이다.

시카고 대학의 에드먼드 자콥슨 박사는 모든 인간이 눈의 근육을 완전히 느슨하게 할 수만 있다면 모든 번뇌를 잊을 수 있다고까지 말하였다.

그렇다면 어째서 눈의 신경적 피곤을 없애는 것이 그렇게 대단

히 어려운지 말한다면, 눈은 우리 몸에서 소비하고 있는 전체 신경 에너지의 4분의 1을 소비하고 있다. 시력이 완전한 대부분 사람이 눈의 피곤함에 고민하는 이유도 여기에 있다. 그들은 눈을 긴장시키고 있다.

유명한 소설가 유기 홈이 어린 시절에 한 노인으로부터 아주 중요한 교훈을 받았다는 이야기이다.

◆ ◆ ◆

그녀는 잘못하여 넘어져서 손목에 상처를 입었었다. 그때 그 노인은 서커스단의 소품 일을 맡은 사람이었는데 그녀를 도와 일으켜 주고 그녀의 몸을 털어 주면서 이렇게 말했다.

"네가 넘어져 다친 것은 편히 하는 방법을 모르기 때문이다. 말하자면 고무줄처럼 늘어나는 나일론 양말처럼 부드럽게 하고 있지 않은 탓이다. 그럼 내가 그 방법을 보여 줄 테니 잘 보도록 해라."

그 노인은 그녀와 다른 아이들에게 넘어지는 방법과 뛰어넘는 요령, 그리고 재빨리 일어나는 동작을 보여 주었다. 그리고 "자기를 늘어나는 고무줄로 생각하는 것이다. 그리고 언제나 어깨를 편안히 해야 한다."라는 말을 들려주었다.

당신은 언제 어디서라도 어디를 가든지 여유 있게 행동해야 한다. 그러나 여유 있게 하려고 노력해서는 안 된다. 여유 있게 하고 일체의 긴장과 노력이 없게 할 것이다. 어떠한 잡념도 없는 상태에 이르는 것이다. 먼저 눈과 얼굴의 근육을 쉬게 하면서 몇 번이고, "쉬어라 …… 쉬어라 …… 아주 여유 있게 쉬어라."라는 말을 되풀이하는 것이다.

그렇게 하면 에너지는 얼굴의 근육으로부터 시작하여 몸 전체에까지 천천히 흘러 들어가는 것을 알게 된다. 그리고 갓난아기처럼 해방되는 것이 틀림없다.

대단히 유명한 소프라노 가수인 가리 구르즈도 그렇게 했다.

헬렌 제퍼슨이 내게 말하기를 언제나 그녀는 무대가 열리기 전에는 의자에 깊숙이 앉아 있었는데 몸의 모든 곳을 잠을 자듯이 축 늘어뜨리고 있었다고 했다.

다음으로, 여유 있게 하는 방법을 알기 전에 우선 실효 있는 다섯 가지를 서술하자.

첫째 | 이 문제에 관하여 가장 좋은 책 중의 하나인 힌크 박사의 '신경적 긴장에서 해방'을 읽을 것. W. 조스린의 '왜 피곤해 있는가'도 읽어 볼 가치가 있다.

둘째 | 언제든지 여유 있어야 한다. 몸을 고무줄처럼 탄력 있는 자세를 취하라. 나는 언제나 헌 나일론 양말 한 짝을 책상 위에 올려놓고 있다. 언제든지 편안하게 있는 것을 잊어버리지 않게 하려는 것이다. 양말이 없을 때는 고양이라도 좋다. 따뜻한 날 잠을 자

는 어린 고양이를 본 일이 있을 것이다. 그럴 때 고양이의 두 발은 아래로 축 늘어져 있을 것이다.

나는 오늘날까지 피곤한 고양이나 신경쇠약증에 걸린 고양이나 불면증 등에 처한 고양이를 본 일이 없다. 당신이 고양이처럼 여유 있는 방법을 알았다면, 분명히 이와 같은 불행을 초래하지 않았을 것이다.

셋째 | 될 수 있는 한 편안한 자세에서 활동하라. 신체의 긴장은 어깨에 남아서 신경피로를 불러일으킨다는 것을 잊지 마라.

넷째 | 하루에 4~5회씩 자기를 검토해보아라. "나는 이 일을 실제 이상으로 피곤하게 만들고 있지는 않은가? 나는 이 일과 관계없이 근육을 사용하고 있지는 않은가?" 하고 자기 자신에게 물어보라. 이것은 여유 있는 습관을 만드는 방법의 하나인 것이다.

다섯째 | 하루가 끝날 때 자기에게 물어보아라. "어떤 것이 나를 피곤하게 하는 것인가. 만일 피곤해 있다면 그것은 내가 한 정신적 노동 때문이 아니고 그 하는 방법이 나쁜 것이다."

다니엘 조스린은 말하고 있다.

"나는 하루가 끝날 때 일의 결과로 얼마만큼 피곤해 있는가를 따지지 않고 얼마만큼 피곤해 있지 않은가를 따진다. 하루가 끝날 때, 이상하게 피곤을 느끼는 날이면, 그날은 일한 양과 질이 전부 효과 이상이었다는 것을 알게 된다."

이와 같은 교훈을 배운다면, 지나친 긴장으로 인한 사망률이 상당히 줄어들 것이다. 그리고 피곤과 번민으로 낙오되고 타락된 사람들로 요양소나 정신병원이 만원 되는 일은 없을 것이다.

★
피로 · 번민 · 원한을 일으키는 권태를 없애는 방법

피로의 주원인의 하나는 권태이다. 그것을 설명하기 위해 아리스라는 속기사를 등장시켜야 하겠다.

어느 날 저녁 아리스는 피로한 채 집으로 돌아왔다. 그녀는 정말 피로해 있었다. 두통이 나고 등과 허리가 아팠다. 그녀는 저녁밥도 먹지 않고 곧바로 자리에 들고 싶었으나 어머니의 성화에 하는 수 없이 식탁 앞에 앉았다.

그때 전화벨이 울렸다. 남자 친구에게서 온 것이다. 댄스파티에 초대한다는 것이었다. 그녀의 눈은 빛났다. 갑자기 기운이 났다. 그녀는 이 층으로 뛰어 올라가 옷을 갈아입고 집을 나섰다.

그리고 날이 밝을 무렵 세 시까지 춤을 주었다. 그녀는 너무나도 기운이 솟구쳐서 잠을 자고 싶지 않았다.

이렇듯 아리스는 8시간 전에는 정말 피로해 있었다. 그녀는 자기의 일에 싫증을 느끼고 있었다. 그러나 그녀는 인생에는 만족하고 있다. 이렇듯 아리스와 같은 사람이 수백만일 것이다. 당신도 그중의 한 사람인지도 모른다. 인간의 감정적 태도가 육체적 노력보다 한층 피로를 가져온다는 것은 주지의 사실이다.

수년 전에 조셉 E. 바멕스는 '심피기록' 중에서 권태가 피로의 원인이 된다는 것을 입증하는 보고를 발표했다.

그는 많은 학생에게 그들의 흥미가 아닌 일에 테스트를 시켰다. 그 결과 학생들은 피로해 하고 졸음이 오고 두통과 눈의 피로를 호소해 와서 대단히 초조한 기분이 되었다. 그중에는 위장의 장해를 일으킨 사람도 있었다.

이것은 상상이 아니다. 천만의 말이다. 이들 학생을 상대로 신진대사 테스트를 한 결과 사람은 권태를 느끼면 인체의 혈압과 산소의 소비량이 현실보다 감소하고, 사람이 자기의 일에 흥미와 즐거움을 느끼면 그 즉시 신진대사가 속도를 증가한다는 것을 알았다.

인간은 무언가에 흥미를 느끼고 있을 때는 전혀 피로치 않다.

예를 들어 말한다면, 나는 최근 루이스 호반의 로키산맥에서 휴가를 보냈다. 나는 며칠간 연안에서 몸보다 굵고 긴 나무를 자르고 운반하는 등 8시간을 계속해서 일한 후에도 지칠 줄 몰랐다.

왜 그럴까? 내가 흥분되고 마음이 춤을 추고 있었기 때문이다. 나는 더 없을 성취감에 빠졌다. 나는 해발 7천 피트의 고지에서의 벅찬 일에도 피로한 줄 몰랐다.

등산과 같은 벅찬 활동에서도, 소비적인 일 이상에서도 사람은 피로해지지 않는다. 예를 들어보면, 미내아포리스의 은행가인 S. H 긴구만 씨는 나에게 이 사실을 입증하는 이야기를 해주었다.

캐나다 정부와 캐나다 산악회에, '특별유격대원'의 등산 훈련에 필요한 가이드를 선출해 달라고 요청했다. 긴구만 씨는 이 가이드의 한 사람으로 선발되었다. 대부분 40세에서 49세가량의 가이드들은 젊은 군인들을 인솔하여 빙하를 건너고 설원을 지나 40피트나 되는 암벽을 올랐다. 이렇게 15시간에 걸친 등산 후는 어찌 되었는가?

원기 백배하던 젊은이들도 파김치처럼 피로에 지쳐 버렸다.

그들의 피로는 이제까지 훈련되어 있지 않은 근육을 사용했기 때문에 생긴 것이다. 벅찬 유격대의 훈련을 겪은 젊은이들은 '이 정도는' 하고 처음에는 조소했음이 틀림없다. 그러나 그들은 등산에 굴복당하고 피로해진 것이다. 그들은 피로가 극에 달하여 식사도 하지 않고 잠자리에 든 자도 적지 않았다.

그러면 병사들보다 두 배 내지 세 배나 나이가 많은 가이드들은?

그들도 피로는 했지만, 완전히 지쳐서 쓰러질 정도는 아니었다. 가이드들은 저녁 식사를 하고 몇 시간을 앉아서 그날의 경험을 즐겁게 이야기했다. 그들이 지쳐 쓰러지지 않는 것은 등산에 흥미를 느끼고 있었기 때문이다.

콜롬비아 대학의 에드워드 손다이크 박사는 피로에 관하여 실험에 나섰을 때, 어떤 청년에게 절대적인 흥미를 갖게 하여서 일주일간을 잠을 자지 않게 하였다. 여기서 박사는 "일의 감퇴는 권태가 유일의 원인이다."라고 보고했다.

만일 당신이 정신적 노동자라면 일의 양으로 피로해진다고는 할 수 없다. 자기가 하고 싶지 않은 일의 양으로 피로해진다고는 할 수 없다.

"우리의 인생은 우리의 생각으로 인하여 만들어진다."

이 말은 18세기 전 마르쿠스 아우렐리우스가 '심사록'에 기록한 것이다. 그것은 지금도 진리이다.

나는 하루 중에 나 자신에게 말하는 데는, 용기와 행복에 대해서, 힘과 평화에 대해서 생각하게 된다. 감사하지 않으면 안 되는 데에서는, 원기가 나고 쾌활한 생각에 가슴이 벅차 온다.

바른 일을 생각하는 데 있어서, 당신은 싫어하는 일을 조금도 싫어하지 않게 된다. 당신의 고용주는 당신이 일에 흥미를 느낄 것을 희망하고 있다. 그리하며 한층 이익을 얻을 수 있기 때문이다.

그러나 그것은 잊어버리는 것으로 하고, 당신이 자기의 일에 흥미를 갖는 것은 당신에게 어떤 이익이 있는가를 생각해 보자. 당신은 인생에 얻는 행복을 두 배로 얻게 되는지도 모른다. 왜냐하면 당신은 낮의 반을 일로 벌고 있듯이, 만일 그 일 중에서 행복을 발견치 못하면, 어디서나 그것을 발견할 수 없기 때문이다.

일에 흥미를 느끼면 번민에서도 해방되게 마련이니, 결국은 승진도, 또 급료도 오르게 되는 것이다. 그보다는 피곤을 최소한 줄이게 되고 그 여가에 즐거움을 느끼게 되는 것이다.

번민을 해소하고 새로운 생활을 시작하고 싶은 사람에게 있어서의 법칙

번민을 헤아리지 말고 축복을 셈하라!

죽은 개는 걷어차지 않는다

전국적으로 교육계를 뒤흔든 사건 하나가 생겨서 이것을 구경하기 위해 많은 학자가 미국 각처로부터 시카고로 모여든 일이 있었다. 로버트 허친스라는 이름을 가진, 한 청년이 심부름꾼·가정교사·빨랫줄 장사 같은 직업에 종사하면서 예일 대학을 마친 것은 그보다 몇 해 전 일이었다.

그로부터 겨우 8년이 지난 후, 이 청년이 미국에서 부유한 대학으로서 제4위로 손꼽히는 시카고 대학의 학장으로 취임하게 된 것이었다. 그의 나이는 겨우 30세! 참으로 믿을 수 없는 일이었다. 나이 많은 교육가들은 머리를 내둘렀고 비판의 소리 또한 높았다.

그 청년은 과거에 이러저러한 사람이며 나이가 너무 젊고 경험이 없을 뿐만 아니라 그 교육 사상에는 아무런 주관이 없다는 것이

132

었다. 신문 사설까지도 그를 공격해 마지않았다.

마침내 그가 학장으로 취임하는 그날 어떤 친구 하나가 로버트 허친스에게 말하자 허친스의 늙은 아버지는 대답하였다.

"글쎄요. 좀 심한 비난이군요. 그러나 죽은 개를 걸어차는 사람은 없다는 말을 생각해봐야지요."

그렇다. 개가 중요하면 중요할수록 사람들은 그 개를 걸어차는 데 더욱 만족을 느끼는 것이다. 나중에 에드워드 8세가 된 프린스 오브 웰스도 역시 엉덩이를 발길로 걸어 채인 일이 있었다. 그는 당시 앤나포리스에 있는 해군사관학교와 비슷한 해군 고등학교에 다니고 있었는데 그의 나이는 겨우 열네 살쯤 되었었다.

어느 날 해군 장교 한 사람이 왕자가 울고 있는 것을 보고 무엇이 잘못되었는가를 물어보았다. 왕자는 처음에는 아무 대답도 안 하다가 급기야 사실을 말하게 되었는데 다른 해군 학생들에게 발길로 걸어 채였다는 것이었다. 학교 교관은 학생들을 한자리에 불러 모아놓고 왕자가 무슨 불평을 말하는 것은 아니로되 대관절 무슨 까닭으로 하필 왕자를 골라서 그러한 험한 장난을 하였는가를 알고 싶다고 말하였다.

학생들은 한참 동안 주저하고 머뭇거리다가 마침내 고백하기를, 자기들이 후일 영국 해군 장교가 되었을 때 자기가 왕을 걸어찼다는 것을 자랑하고 싶었다고 말하였다.

그러므로 당신이 혹 남에게 걸어 채이거나 비판을 받을 때는 당신은 당신에게 그렇게 하는 것이 그렇게 하는 사람에게 있어서 중요하다고 생각되었기 때문이라는 것을 기억하는 것이다. 그것은 흔히 당신이 어떠한 성공을 하였기 때문에 당신을 문제 삼을 가치가 있다는 것을 의미하는 것이다. 사람 중에는 자기보다 학문이 많고 자기보다 큰 성공을 거둔 사람을 비난함으로써 야비한 만족감을 느끼는 자가 많다.

쇼펜하우어는 여러 해 전에 이렇게 말하였다.

"저속한 인간은 홀륭한 사람의 결점과 실수에 큰 흥미를 느낀다."

누구나 예일 대학의 학장 같은 사람을 저속한 인간으로 생각하는 사람은 없을 것이다.

그러나 전 예일 대학장 티모디 드와이트는 분명코 미국 대통령으로 출마했던 후보 한 사람을 비난함으로써 큰 만족을 느낀 일이 있었다. 학장은 그를 비난하되 만일 그 인간이 대통령에 당선된다면, "우리는 우리의 아내와 딸이 법적으로 매춘부가 되어 멀쩡하게 창피를 당하고 허울 좋게 몸을 더럽히는 꼴을 볼 것이다. 그는 도덕과 예의를 모르고 하느님과 인간을 미워하는 자이다."라고 경고하였다.

마치 히틀러를 비난하는 말과 같이 들린다. 그러나 이 비난은 히틀러를 비난한 것이 아니고 토머스 제퍼슨을 말하는 것이 아닐까? 그렇다. 바로 그 사람이다.

당신은 위선자·사기꾼 또는 '살인범보다 조금 나은 인간'이라는 비난을 받은 사람이 누구라고 생각하는가? 한 신문의 만화는 그를 단두대 위에 올려세우고 큰 칼로 그 목을 자르는 흉내를 그렸으며, 군중은 그가 말을 타고 거리를 지날 때 그를 조소하며 혀를 찼다. 그러면 이것이 누구였던가?

조지 워싱턴 그 사람이었다.

그러나 이러한 사건은 모두 옛날 옛적에 일어난 일이다. 따라서 혹 그 후 우리의 인간성이 변했을는지 모를 일이다. 그러면 잠깐 우리는 피어리 제독의 실례를 들어보기로 하자.

피어리 제독은 갖은 곤란과 기아를 무릅쓰고 기어이 도달하려던 목적지인 북극 땅에 1909년 4월 6일 개가 끄는 썰매를 타고 도착하여 전 세계를 경탄과 흥분 속에 휩쓸어 넣었던 탐험가다. 그는 추위와 굶주림으로 거의 죽게 되었고 발가락은 얼어 터져 여덟 개나 잘라버리게 되었으며, 참을 수 없는 고통으로 정신에 이상이 생길 정도였다.

그러나 워싱턴에 있는 그의 해군 선배들은 피어리 제독에 대한 인기와 갈채를 시기하여 그를 비난하되, 피어리 제독이 과학적 탐험을 핑계 삼아 돈을 모아서 '거짓말을 퍼뜨리며 북극 땅에서 노닐고 있다.'라고 말하였다. 그들은 아마 마음속으로 피어리 제독의 성공을 믿었을 것이다. 왜냐하면 사람은 자기가 믿고자 하는 것을 믿지 않고서는 못 배기기 때문이다. 그러나 피어리 제독을 모욕하고 방해하려는 그들의 결의가 몹시 강하긴 했지만 매킨레이 대통

령의 직접 명령으로 겨우 피어리 제독은 북극에서의 활동을 계속할 수가 있었다.

피어리 제독이 만일 워싱턴 해군성에서 책상 일만 하고 있었다면 그러한 비난을 받았을 것인가? 아니다. 그는 남의 질투를 살 만큼 중요하지도 않았을 것이다.

부당한 비난에 번민하게 되었을 때 그것을 이겨내는 법칙

부당한 비난은 흔히 위장된 찬사에 있다는 것을 기억하라.

확실히 하라

나는 일찍 늙은 '송곳 구멍', 또는 늙은 '지옥 귀신' 버틀러라는 별명을 가진 스메들레이 버틀러 소장을 만난 일이 있었다. 그가 누구인지를 당신은 아는가? 그는 일찍 미국 해병단을 지휘하던 쾌활하고 호언장담을 잘하던 장군이었다.

그는 나에게 자기가 어렸을 때 인기를 끌려고 무척 애썼으며 누구에게나 좋은 인상을 주려고 노력하였다고 말하였다. 따라서 그는 당시 대수롭지 않은 비판에도 노여움을 타고 마음을 태웠다. 그러나 삼십여 년간 해병대에 있는 동안 얼굴 가죽이 꽤 두꺼워졌노라고 고백하며 이렇게 말하였다.

"나는 그동안 여러 가지 꾸지람을 들었고 모욕도 당하였으며, 노랑개·독사뱀·스컹크라는 욕설까지도 들었소. 나는 전문가들의 나쁜 비평도 받았을 뿐만 아니라 영문으로 차마 활자화하지 못할 만큼 흉악한 욕설을 들어왔소. 그러면 내가 그것 때문에 무슨 걱정 근심을 하였느냐고? 천만에! 나는 지금 누가 나를 욕할 때는 어떤 사람이 무슨 말을 하고 있든지 고개도 돌이켜 보지 않는 형편이오."

물론 늙은 '송곳 구멍'인 버틀러 장군은 남의 비판에 너무 무관심하였을는지도 모른다. 그러나 한 가지만은 확실하다. 즉 우리는 대개 우리에 대한 조그마한 조소와 악담을 너무 심각히 생각한다는 그것이다.

나는 몇 해 전에 '뉴욕 선'지의 기자 하나가 나의 성인 교육반 전시회에 나왔다가 나와 나의 사업을 조롱한 시가를 쓴 것을 보았다. 나는 분개하여 그것은 나에게 대한 인신공격으로 생각하고 집행 위원장인 길 후지쓰 씨에게 항의 전화를 걸고, 신문 사설을 쓰는 데 있어서 남을 조롱하지 말고 사실을 기록하라고 요구하였다. 나는 거기에 상당한 복수를 하려고 결심하였다.

그러나 오늘날 그것을 생각해 보면 내가 그때 그 신문을 산 사람들의 절반은 그 기사를 읽지도 않았고 그것을 읽은 반수의 사람도 그 기사를 한갓 허물없는 장난으로 알았을 뿐이었으며, 또 혹시 그중에 흥미를 느끼고 읽은 사람들도 있었으나 그 사람들 역시 며칠이 안 돼서 전부 그 기사를 잊어버리고 만다는 사실을 뒤늦게 알았다.

나는 모든 사람이 결코 당신이나 나나 또는 우리에게 대한 남의 말에 그리 관심이 없다는 것을 이제야 알게 되었다. 그들은 모두 아침 식사 전후와 또 그때서부터 자정 십 분 후까지 자기 자신에 관한 것을 생각하고 있다. 그들은 당신과 내가 죽었다는 소식보다도 자기들의 하찮은 감기가 몇천 배나 중요하게 생각되는 것이다.

누가 우리에 대해 어떤 거짓말을 하든가, 우리를 조소하고 배반하며 음해하든가, 또는 가장 친한 친구 여섯 명 중에서 한 사람씩 우리를 팔아먹는 일이 있다 하더라도 우리는 절대로 자기 자신을 가엾게 여겨서는 안 된다. 오히려 우리는 그와 똑같은 일이 '예수'에게도 있었다는 것을 생각하여 볼 것이다.

나는 몇 해 전에 남이 나를 부당하게 비판하는 것을 내가 막아내지는 못할망정 그보다 훨씬 중요한 일, 즉 나에게 대한 부당한 비판이 나를 방해하고 있다는 것을, 나 자신이 결정할 수 있게 하는 방법을 알게 되었다.

나는 이것을 명백하게 하려고 한다. 즉 나는 실제에 있어서 모든 비판을 무시하라고 말하는 것이 아니다. 절대로 그런 것이 아니라, 오직 부당한 비판만을 무시하라는 것이다. 나는 일찍 엘리너 루스벨트 부인에게 부당한 비판을 처리하는 방법을 물은 일이 있었다. 루스벨트 부인이 허다한 비판을 받은 것은 누구나 다 아는 사실이다. 이 부인이야말로 아마 백악관에서 생활한 다른 어떤 부인보다도 열렬한 친고와 맹렬한 적을 한꺼번에 많이 가졌던 장본인이다.

그는 나에게 자기가 어렸을 때 거의 병적으로 수줍었다고 말하였다. 그는 남의 비판을 너무 무서워하였기 때문에 자기 백모인 데오돌 루스벨트의 누님에게 충고를 요구하고, '아주머니, 나는 이런

일을 하고 싶은데 남이 무어라고 할까 봐 겁이 납니다.'라고 말할
정도였다.

데오돌 루스벨트의 누님은 엘리너 루스벨트의 눈을 한참 들여다
본 후, '네 마음에 옳다고 생각되는 한 누가 무어라고 하든지 절대
로 염려하지 말라.'고 말하였다. 엘리너 루스벨트는 나에게 자기
아주머니의 그 말 한마디가 그 후 백악관에 있는 동안 '지브랄터의
바위와 같은 무게 있는 역할을 하였다.'라고 말하였다.

그는 모든 비판을 피할 수 있는 유명한 방법은 마치 튼튼한 질그
릇 같은 인간이 되어 조금도 움직이지 않는 데 있다고 말하였다.

"하여간 남의 비판은 있을 것이므로 자기가 옳다고 생각하는 일을
하라. 그렇더라도 욕을 먹을 것이다."

이것이 그의 충고였다.

링컨이 만일 자기에게 몰려오는 모든 무서운 비난에 대답하는
방법을 알지 못하였던들 그는 남북전쟁의 긴장으로 자멸의 지경
에 이르렀을 것이다. 그가 자기를 비판하는 자를 어떻게 처리하였
는가를 말한 몇 마디 말은 오늘날 문학적인 명구가 되어 있거니와
맥아더 장군은 그 글귀를 써서 전쟁 중에 자기 사령부에 걸어 놓았
으며, 윈스턴 처칠도 이것을 그림틀에 넣어 자기 서재 벽에 걸어
놓았었다.

그 글귀는 다음과 같다.

"내가 만일 나에 대한 모든 공격의 글을 읽는다든가 더구나 대답하려고 한다면 나는 이 상점의 문을 닫고 다른 장사를 시작해야 할 것이다. 나는 내가 아는 가장 좋은 방법을 취하고 있으며 내가 할 수 있는 가장 좋은 일을 하고 있다. 나는 마지막까지 그와 같이 해나갈 것이다. 그래서 만일 결과가 좋다면 나에게 반대하던 것이 문제가 되지 않을 것이나, 만일 결과가 나쁘다면 열 명의 천사가 내가 옳다고 하더라도 아무 소용이 없을 것이다."

부당한 비평을 받았을 때를 위해 기억해 두어야 할 법칙

최선을 다하라. 그리고 당신의 낡은 우산을 쓰고
비평의 비를 몸에 맞지 않도록 하는 것이다.

PART 4

건강을 유지하는 방법

당신이 현재 행복하다면, 이 훌륭한 행복을 유지하며
그것을 더욱 풍부히 하고 싶다고 생각할 것이다.
만약 당신이 현재 행복하지 않다면
어떻게 하면 행복해질 수 있는지 배우고 싶다고 생각할 것이다.

기분을 조절하는 방법

당신의 오늘 기분은 어떠했는가?

아침에 일어나서 출근하리라고 마음먹은 뒤에 즐겁게 아침 식사를 했는가. 그리고 출근해서 의욕적인 마음가짐으로 일에 임하였는가.

어쩌면 당신은 앞에 서술한 기분이 아니었을지도 모른다. 그렇다면 당신은 아마 당분간 당신이 원하고 있던 어떤 활력을 가질 수 없을지도 모른다. 당신은 일을 시작하기 전부터 피로해 있었으며 우울한 기분에 휩싸여서 의욕도 없이 일에 임하고 있지는 않았었는가.

이러면 어떤 것이라도 좋으니 당신의 주위에서 선택하여 그 일을 시작해 볼 일이다.

그렇다면 이 예를 적용한 어느 실례를 들어보기로 하자.

◆ ◆ ◆

버넌 울프라는 사람은 애리조나 피닉스의 노드 피닉스 고등학교에서 트랙 경기의 코치 생활을 하고 있었는데, 실제로 그는 그 방면의 전문가로 미국에서도 이름난 코치였다. 그가 코치한 학생으로서는 미국대학 기록을 깨뜨린 사람도 몇 명 있었다.

그는 이들 선수에게 어떠한 트레이닝을 시키고 있었던 것일까. 그는 복합적인 효과를 발휘하는 처방 약을 알고 있었다. 즉, 정신과 육체의 양면을 거의 동시에 조절함으로써 그 효과를 노리는 것이다. 따라서 버넌 울프는 이렇게 말하고 있다.

"자기가 할 수 있다고 믿으면 거의 해낼 수 있습니다. 바로 그것이 과제와 맞붙은 마음가짐입니다."

에너지에는 두 종류가 있다. 하나는 육체적인 것이고 또 하나는 정신적인 것이다. 우리가 두 가지를 비교한다면 정신적인 면이 훨씬 중요하다. 그 이유는 잠재의식으로부터 소요 시간에 대비한 힘과 강인성을 끄집어낼 수가 있기 때문이다.

예를 들어 극도로 기분이 긴장되어 있을 때 사람이 나타낼 수 있는 괴력이나 인내력에 대해서 생각해 보자. 만일 자동차 사고가 나서 동행하던 남편이 뒤집힌 차 밑에 깔렸을 때, 몸이 작고 힘없는 아내가 취할 행동은 어떠한 것일까. 그 순간은 어찌할 바를 몰라 허둥대겠지만 곧 마음을 가다듬고 남편이 그 밑에서 나오도록 어떤 힘을 빌려서든지 그것을 끌어 올리게 될 것이다. 이것이 번득이는 잠재의식의 표현이라면 평상시에는 생각조차 못 했던 그런 힘으로 부수거나 던져 버리기까지 할 것이다.

'스포츠 일러스트레이션'에 기고한 로자 바니스터 박사는 육상 경기의 오랜 꿈을 달성하기 위해서 정신과 육체 양면의 트레이닝을 행하여 1954년 1마일 달리기에서 처음으로 4분의 벽을 깨뜨렸을 때를 기술하고 있다.

그때 그는 몇 개월간에 걸쳐 그때까지 그가 도달하지 못했던 기록을 달성할 수 있다는 신념을 갖고 잠재 의식적으로 기분 조절을 했었다. 일반적인 견해로 1마일에 4분이란 기록을 벽이라 생각하고 있었으나 바니스터는 그것을 어떤 곳의 입구라고 생각하고 있었다. 한 번 그 기록을 깨뜨린다면 다른 장거리 선수의 신기록으로 평가된 것을 몇 개씩이나 이루게 되는 것으로 생각했다.

물론 그가 생각하고 있던 대로 된 것은 말할 것도 없다. 로자 바니스터가 그 길을 열었다.

처음으로 그가 1마일 달리기에서 4분의 벽을 깨뜨리고 난 후, 4년 동안에 여러 곳에서는 그를 포함해서 그 위업이 46회나 달성되었다. 그리고 1958년 아일랜드의 더블린에 있었던 어느 경기 대회에서는 다섯 명의 선수가 1마일 달리기에서 4분의 벽을 깨뜨렸다.

이 로자 바니스터에게 이 비결을 전수한 사람은 일리노이 대학 체력 적성 연구소장인 토마스 카크 큐어트 박사이다. 토마스 큐어트 박사는 신체의 에너지에 대해서는 전혀 다른 견해를 갖고 있었다. 그 사고방식은 운동선수에게만 적용되는 것이 아니라 일반적인 모든 사람에게도 적용된다고 말하고 있다. 이것을 살릴 수 있다면 달리기 선수는 보다 빨리 달릴 수 있고 오래 살기를 원하는 사람은 장수할 수 있다.

큐어트 박사는 이렇게 말하고 있다.

"가령 신체의 단련을 알고 있어도 50세의 나이로 20세의 건강을 유지할 수 있다는 것은 말할 것도 없습니다."

큐어트 박사의 이 방법은 첫째 정신적으로 단련하고, 둘째로는 내구력의 한계까지 단련하여 연습할 때마다 그 한계를 넓혀 나간다는 두 가지를 기본 원리로 하고 있다.

"기록을 깨뜨리는 기술은……."

그는 말하고 있다.

"자기의 몸에 지닌 이상의 것을 끄집어내는 능력입니다. 이길 수 있을 때까지 연습하고 나서 쉬는 것입니다."

큐어트 박사가 로자 바니스터와 알게 된 것은 유럽의 유명한 육상 선수인 러닝의 체력을 테스트했을 때의 일이었다. 그는 바니스터의 신체가 부분적으로 굉장히 발달하여 있다는 것을 발견할 수 있었다.

그래서 큐어트 박사는 바니스터에게 정신의 발달에 유의하도록 충고를 하였다. 그 말을 들은 그는 등산함으로써 정신을 단련하는 것을 배웠다. 등산은 그에게 장애를 뛰어넘는 것을 가르쳐 주었다. 또한 중요한 것은 그가 세운 큰 목표를 작은 목표로 나누는 것을 배운 것이다. 그의 설명에 의하면, 1마일을 4분의 1로 나누는 것보다도 처음부터 4분의 1마일만 달리려는 생각으로 달리는 편이 훨씬 더 빨리 달릴 수 있다고 생각한 것이다. 그래서 그는 1마일을 4분의 1로 나누어 그것만을 실행하려 노력했다.

그것은 곧 이런 식이었다. 먼저 4분의 1을 힘껏 달리고 다음에 약간 억제한 스피드로 트랙을 한 바퀴 돌고 숨을 돌리고 나서 다시 4분의 1을 힘껏 달린다.

그래서 그는 4분의 1마일을 항상 58초 이하로 달리는 것을 목표로 삼고 있었다. 따라서 1마일은 58초의 4배인 232초, 즉 3분 52초로 달리는 셈이 되었다. 이것은 그가 힘껏 달린 속도였다.

그가 실제로 힘껏 달리다가 스피드를 떨어뜨리고 숨을 돌리는 일을 항상 하고 있자니, 큰 레이스에서 뛰었을 때는 3분 59초나 걸리는 일이 있었다.

큐어트 박사가 바니스터에게 '체력은 단련하면 할수록 가속도가 붙는 법이다'라고 가르쳐 주었을 때, 그는 지나친 연습이나 연습에 의한 과로에 관한 이야기는 신화와 같은 이야기라고 생각했다.

그러나 그는 휴식도 연습이나 운동과 마찬가지로 중요하다는 것을 강조하고 있었다. 신체로서는 연습으로 소모한 것을 전보다 많은 양으로써 고쳐서 다시 좋게 할 필요가 있다고 생각했다. 그 결과로 내구력이나 정력이나 에너지가 증강되는 것이다.

육체나 정신이나 모두가 휴식하며 숨을 들이켜는 동안에 다시 충전되는 것이다. 만일 그렇게 하지 않는다면 육체적으로 심한 타격을 받게 되어 어느 경우에는 죽어 버리는 일조차 있다.

아무리 큰 부자라 하더라도 무덤 속에서는 출세할 수 없다. 그리고 아무리 위대한 과학자·의사·경영자·세일즈맨·회사원이 되어도 급히 서둘러서 그 일에서 떠나고 싶지는 않은 법이다.

당신의 사랑하는 어머니나 배우자, 부친이나 아들이나 딸은 행복해질 수 있다. 그런데 어쩌다가 슬픔을 만나 정신병원에 들어가거나 찬 이슬을 맞으며 부랑자 노릇을 할 때 지나친 낭비벽으로 앞날을 예측하지 못한 경우일 수도 있겠다.

조그만 아이들은 피로해도 피로하다는 것을 느끼지 못한다. 그러나 그들이 행하고 있는 태도에서 피로함이 나타난다. 그런데도 젊은이들은 과로에 빠져 있다는 것을 느끼면서도 그것을 인정하려고 하지 않는다.

이런 마음가짐으로는 성적인 문제나 가정문제 또는 학교 교육 문제와 사회 문제는 해결되지 않는다. 이러한 문제들이 젊은이를 일시적이든 영속적이든 파멸적인 행동, 즉 자신이나 타인을 해치는 행동으로 줄달음치게 할 가능성을 다분히 가지고 있다.

만일 당신에게 에너지가 적을 때는 건강이나 바람직한 성격도 그와 비례하여 좋지 않게 된다. 그리고 배터리와 마찬가지로 에너지가 없을 때 죽어 버리고 만다.

그러면 어떻게 하면 좋겠는가? 배터리에 다시 충전하면 불가능한 것인가. 그러기 위해서는 어떻게 하면 좋겠는가? 그때는 당신이 가장 즐기는 휴식 방식을 취할 일이다.

다음에 소개하고자 하는 것은 현재의 에너지양 결정에 필요한 체크리스트이다. 만일 에너지양이 내려간다고 생각되거든 언제든지 이것을 이용할 수가 있다.

또한 당신이 올바른 정신을 갖고 있는 자라면 다음에 열거하는 것처럼 행동했을 때나 가졌을 때는 당신의 배터리에 다시 충전할 필요가 있다.

- 졸음이 오면서 피곤하다.
- 재치나 애교가 없으며 의심이 많다.
- 흥분하기 쉽고 화를 잘 낸다.
- 신경질이 많아서 히스테리적인 행동을 한다.
- 공포에 떨고 있으며 질투가 많다.
- 성질이 급하고 이기적이다.
- 우울함과 좌절감을 느끼고 있다.

피로해 있을 때는 당신이 모든 것에 대해 가졌던 바람직한 감정·

· 정서 · 사상 · 행동이 일변하여 소극적인 마음가짐이 되기 쉽다. 그러나 그것은 몸을 쉬고 건강을 회복하면 전과 같이 적극적인 마음가짐으로 변하게 된다.

피로라는 것은 신체에 대단히 나쁜 영향을 끼친다. 당신의 배터리에 충전하고 에너지양과 적극성의 양이 표준까지 상승하면 당신은 더할 수 없이 바람직하다. 이때는 PMA를 생각하고 적극적으로 행동할 때이다.

당신이 자기감정과 행동에서 자기의 뛰어난 자질이 바람직하지 않은 소극적인 자질에 눌려 있다고 판단되거든 그때가 자기의 배터리에 충전할 때임을 알아야 한다.

물론 육체와 정신의 에너지를 보유하려면 신체와 정신을 단련할 필요가 있다. 그러나 여기에 문제점이 생긴다.

그러니까 신체에도 정신에도 적당한 양의 영양분을 주지 않으면 안 된다. 신체라는 것은 건강에 좋은 영양분 있는 음식물의 상당한 양을 먹음으로써 유지할 수가 있다. 정신적인 활력은 그것을 격려해 주는 책이나 종교 서적에서 정신적 비타민을 흡수함으로써 유지할 수가 있다.

인디애나주 라파이에트에 있는 미국 농업연구협회의 이사로 있는 조지 스카세스는 아프리카의 해안부에 있는 마을을 가리켜 이런 말을 하고 있다.

"그 마을은 내륙에 있는 같은 종족의 공동생활체보다 진보하고 있다. 그 이유를 든다면 그곳의 주민이 내륙의 주민보다 육체적으로 강하고 정신적으로 민감하다. 즉 육체적인 에너지가 많은 까닭이다."

따라서 해안의 종족과 내륙에서 생활하고 있는 종족 사이의 생활 차이는 음식물의 차이에서 오고 있었다. 내륙의 마을에 사는 사람들은 단백질을 잘 섭취하지 못하지만, 해안에 사는 종족은 생선을 먹음으로써 단백질을 섭취하고 있었기 때문이었다.

'풍토가 인간을 만든다'란 저서를 쓴 클라렌스 밀즈는, 미국 정보의 조사로 파나마 지협의 주민 가운데는 정신적 활동과 육체적 활동이 이상하게 둔한 사람이 있다는 것을 적고 있다.

그래서 과학적으로 조사한 바에 의하면 그들이 주식으로 하는 동물이나 식물에는 비타민 B가 전혀 없다는 것이 밝혀졌다. 따라서 그들의 음식에 비타민 B를 첨가해 보면 그들은 기운을 회복하여서 혈기 왕성해지고 활동적으로 된다.

당신은 자기가 섭취하고 있는 음식물에 비타민이나 다른 영양분이 부족해 있으므로 에너지의 양이 낮은 것 같다고 생각되면 방법을 취해야 할 것이다.

그러기 위해서는 좋은 요리책이 필요하게 되고 음식물을 싸게 사기 위한 팸플릿도 필요하게 될 것이다. 그래도 잘 되지가 않거든 건강 진단을 받아야 할 것이다.

잠재의식이 신체와 마찬가지인 점은 정신적인 비타민을 먹고 흡수하는 것이지만 신체와 다른 점은 얼마든지 그것을 소화하고 유지하는 것이다.

따라서 잠재의식은 위처럼 소화불량이 되는 수는 없다. 먹은 만큼의 것, 때로는 그 이상을 섭취하고 흡수할 수가 있다.

그러면 그와 같은 정신적 비타민은 어디에 있는가? 이 책에서 가끔 소개하고 있는 그런 방식처럼 책 속에 있다.

요컨대 잠재의식이란 배터리와 같은 것이므로 이 배터리에서 가끔 육체적인 활력을 변화시키는 많은 양의 정신적 에너지를 얻을 수가 있다.

그러나 이 에너지의 충전도 불필요한 소극적인 감정에 의해서 충격을 받거나 하면 헛된 일이 된다.

만약에 건설적으로 쓰이는 에너지라면 그 에너지는 발전소의 발전기가 막대한 양의 유효한 전력을 내듯이 혼자서 몇 배로 증가된다.

윌리엄 렌게트는 '섹서스 앤리미테드'라는 잡지에 기고한 논문 속에서 그것에 대해서 교묘히 설명하고 있다.

그는 퍼센트 출판의 '클레스트 북스'와 '플레미어 북스'의 편집 책임자인데, 불필요한 번뇌·미움·공포·의혹·노여움·복수심 때문에 에너지를 잃고 있는 과정에 관하여 쓰고 있다.

거기서 그는 이렇게 말하고 있다.

"이들 헛된 요소는 모두 쉽게 힘을 내는 요소로 바꿀 수 있을 것입니다."

인간은 의식의 활동으로 외부의 힘으로 감정을 억제하지 않을 수 없다기보다는 내부의 힘을 이용하여 자발적으로 그렇게 할 수 있는 동물이다. 따라서 인간은 혼자서 감정적 반응의 버릇을 얼마든지 바꿀 수가 있다.

교양을 몸에 지니고 있고 예의를 지킬 줄 알며, 세련되면 될수록 정서나 감정을 자기 자신이 원하기만 하면 억제하기 쉽게 되는 것이다.

예를 들면 공포는 상황에 따라서 좋은 작용을 한다. 만약 물에 대한 공포가 없다면 물에 빠져 죽는 어린아이가 많이 나올 것이다.

그러나 여러 가지로 그릇된 감정을 폭발시켜 정신적 에너지를 낭비하고 있는 경우는 많이 있다. 만일 그렇다면 정신적 에너지를 유익한 방향으로 돌릴 수가 있다. 그러려면 어떻게 하면 좋은가.

그런 경우라면 탐나는 것은 마음에 두고 탐내지 않는 것을 잊어버리도록 할 것이다.

감정은 곧 행동에 끌려가 버린다. 그러니까 우선하여 행동으로 옮겨야 한다. 즉 소극적인 감정을 적극적인 감정으로 바꿔 버리는 것이다. 가령 무서우니까 용기를 가지고 싶다고 생각하면 용기 있는 행동을 취할 일이다.

또 정력적이 되고 싶다고 생각하거든 정력적으로 행동하면 된다. 그러나 그럴 때는 말할 것도 없이 당신의 에너지가 유익한 목적에 쓰이고 있는가를 확인해야 할 것이다.

　당신은 자신의 배터리에 충전할 수는 없는가. 혹 이 책에 소개된 원리의 응용을 시작하고 있지는 않은지 알아볼 일이다.

자기의 일에 만족을 느끼지 못하고 피로해 있을 때, 이를 이겨내는 법칙

자신의 배터리에 충전할 일이다.

건강을 지키는 법

적극적인 마음가짐은 건강 또는 생활에서 일에 필요한 매일의 에너지와 열의를 낳는 데 중요한 역할을 하고 있다.

그러므로 PMA(적극적인 마음가짐)는 정신과 육체의 건강을 유지하고 오래 사는 데 도움이 될 것이다. 그러나 NMA(소극적인 마음가짐)는 정신과 육체의 건강을 차차로 좀먹어 일의 생산성이 떨어지거나 능률이 오르지 않는다든지, 자도 자도 나른하고 피곤이 엄습해 머리가 아프기 시작해 온몸이 아프기도 한다. 그러다가 심지어는 하나뿐인 생명을 단축하기도 한다. 이것은 마스코트가 어느 쪽으로 기우느냐에 따라 모두 결정되는 것이다.

★

적극적인 사고가 당신에게 끼치는 영향

합리적인 PMA는 많은 사람의 생명을 구제하고 있다. 그들에게 가까운 자가 강한 PMA를 취했기 때문이다.

다음 사건이 그 일을 증명하고 있다.

태어난 지 이틀밖에 안 되는 어린아이가 의사로부터, "이 애는 살 수가 없습니다."라는 말을 들었다. 그러자 "이 애는 살 수가 있습니다."라고 부친이 응수했다. 그때 그 아이의 부친은 PMA를 가지고 있고, 기도의 기적을 믿고 있었다.

그는 기도했다. 그리고 믿고 있었다. 거기서 그는 행동으로 옮겨 갔다. 어린아이는 그와 마찬가지로 PMA를 가진 소아과 의사의 치료를 받게 했다. 그러자 찾아간 이 의사는 경험으로써 어떤 육체적 결함에도 자연은 대상(다른 것으로 대신 물어 주거나 갚아 줌) 작용을 일으킨다는 것을 알고 있었다. 그 결과 그 어린아이는 살아났다.

"나는 이제 살 수가 없다! 죽음도 두 사람을 하루라도 떼어 놓지는 못했다."

이것은 '시카고 데일리 뉴스'에 나온 표제이다. 이 기사는 62세의 어떤 건축 기사인 아내의 죽음을 전하고 있었다. 그는 집에 돌아오자 가슴의 고통과 호흡의 곤란을 느끼면서 잤다. 그보다 10세 젊은

158

아내는 깜짝 놀라 얼마만큼이라도 혈액순환을 좋게 하려고 남편을 주무르기 시작했다. 그러나 그는 죽어 버렸다.

"나는 이제 살아갈 수가 없습니다."

그녀는 곁에 있는 모친에게 말했다. 그러고 나서 얼마 안 되어 그녀도 죽었다. 똑같은 날에 죽은 것이다.

이 결과로 알 수 있듯이 살아난 어린아이와 죽은 미망인은 적극적인 마음가짐과 소극적인 마음가짐의 강점을 보인다.

PMA가 강해지면 좋은 일을 끌어당기고, NMA가 강해지면 나쁜 일을 가져오게 된다는 것을 당신 자신이 알고 있다면, 적극적인 생각이나 태도를 행동으로 나타나게 하려는 것이 당연하지 않을까?

★

믿음을 가져라

라파엘 코레아는 겨우 20세가 되었을 뿐이었다. 그의 집은 부자는 아니었지만 모든 사람으로부터 대단히 존경을 받고 있었다. 그래서 그가 큰 병을 얻게 되었을 때 여섯 명이나 되는 의사와 한 젊은 인턴이 라파엘의 생명을 구하려고 푸에르토리코의 생 쥬앙에 있는 작은 수술실에서 밤을 새우며 악전고투하고 있었다.

계속해서 12시간이나 쉬지도 못하고 간호를 계속하고 있었으므로 그들은 피로로 인해서 졸음을 이기지 못하고 있었다. 그러나 그들의 노력의 보람 없이 라파엘의 심장 고동은 급기야 멈추고 말았다. 맥박도 느끼지 못하게 되었다.

주치의는 메스를 들어 라파엘의 손목 혈관을 잘랐다. 자르자 거기서 누런 액체가 나왔다. 그 주치의는 마취제를 쓰지 않았다. 그 젊은이의 몸이 고통을 느끼지 못할 정도로 쇠약해져 있었기 때문이다.

의사들은 자신들이 지껄이고 있는 것이 젊은이에게 들리지 않을 것으로 생각하고 마치 그가 죽어 버리거나 한 것 같은 어조로 얘기를 했다.

"기적이라도 일어나지 않는 한, 이젠 살아나지 못한다."

주치의는 수술복을 벗고 수술실을 나갈 준비를 했다. 한 젊은 인턴이 이렇게 말했다.

"제가 여기 있을까요?"

"그렇게 해주게."

이윽고 의사들은 수술실을 나갔다.

그곳에 남아 있던 젊은 인턴은 혼자서 중얼거렸다. 그리고 죽은 듯 누워 있는 환자는 그 소리를 듣고 있었다.

"우리에게 실망은 없다. 보이는 것은 보지 않고 보이지 않는 것을 보기 때문이다. 보이는 것은 일시적인 것이요, 보이지 않는 것은 영원한 것이다."

그들은 육체를 볼 수는 있었지만, 라파엘은 육체를 가진 정신이다. 그때의 라파엘 코레아의 마음에는 무엇이 일어나고 있었는가?

삶과 죽음의 경계를 헤매고 있는 동안은 의식적으로 몸을 움직일 수가 없다. 그런데 책을 읽어 잠재의식을 심어놓아 두었던 PMA에 의해 그의 마음은 신과 서로 통하게 되었다. 신과 함께 있는 것 같은 느낌이 들었다.

그는 대등하게 서로 얘기하는 친구와 같이 신에게 얘기를 걸었다.

"당신은 저를 알고 계십니다. 당신은 저의 마음속에 계십니다. 당신은 저의 피며 생명입니다. 그것이 전부입니다. 이 우주에는 하나의 마음, 하나의 원리, 하나의 실체밖에 없습니다. 그리고 저는 다른 모든 것과 똑같은 존재입니다."

그는 계속했다.

"저는 죽어도 아무것도 잃지 않습니다. 형체가 변할 뿐입니다. 그러나 저는 아직 20세입니다. 신이여, 저는 죽음을 두려워하지 않습니다. 그러나 살고 싶습니다. 어느 날이든 저에게 생명을 부여해 주신다면 당신의 자비에 의해 더욱 올바른 생활을 하며 남을 위하여 진력할 생각입니다."

인턴이 라파엘의 얼굴을 들여다보니, 그때 라파엘의 눈꺼풀이 깜박깜박 움직이고 왼쪽 눈언저리에서 눈물이 떨어지려 하고 있었다.

"선생님, 선생님, 빨리 와 주십시오! 살아 있는 것 같습니다!"

그는 흥분해 소리쳤다.

원래의 체력을 회복하기까지에는 1년 이상이나 걸렸지만, 마침내 라파엘 코레아는 살아날 수가 있었다.

우리가 생 쥬앙으로 갔을 때 라파엘은 그를 밤새도록 간호해준, 지금은 외과 의사가 된 인턴이었던 사람을 소개해 주었다. 마침 이야기가 그를 그처럼 만든 책에 대해 미치자, 라파엘은 다음과 같이 말했다.

"나는 여러 가지 책을 읽었습니다만, 그날 밤 내 마음을 지배하고 있던 생각은 메리 베이커 에디가 지은 '성서를 중심으로 한 과학과 건강'이었다고 생각합니다."

라파엘의 예에 의해서도 알 수 있듯이 감명 깊은 서적은 생애를 바꾸는 데 대단히 큰 공헌을 하고 있다. 그리고 감명 깊은 서적이나 마음을 움직이는 책으로 성서보다 좋은 것은 없다. 성서만큼 사람의 일생을 바꾼 책은 없다.

성서는 육체나 정신의 건강, 도덕적 건강을 낳게 하는 데 있어 측량할 수 없을 정도로 도움이 되고 있다. 성서를 읽는 것은 거기에 기록되어 있는 진리를 더욱 깊이 이해시켜 교회에 근접하는 계기를 만든다. 그것은 성서가 이것을 읽는 자에게 적극적인 행동을 재촉하기 때문이다.

건강을 유지하기에 힘써라

존 록펠러가 그동안의 사업 활동에서 손을 떼자, 건강한 몸을 만들어 건강한 정신을 유지하고 오래 살며 동료의 존경을 얻는 것을 큰 목표로 삼았다.

이것을 돈으로 살 수 있었을까? 살 수 있었다. 록펠러는 어떻게 해서 달성했는지, 여기에 소개해 보겠다.

- 첫째, 매주 일요일에 바프티스트 교회에 출석하여 매일 응용할 수 있는 원리를 배운 것을 메모해 왔다.
- 둘째, 매일 밤 8시간씩 자고 매일 짧은 낮잠을 잤다.
- 셋째, 매일 목욕을 하거나 샤워를 하도록 노력했다.
- 넷째, 건강과 장수에 좋은 기후인 플로리다주로 이사해서 살았다.
- 다섯째, 밸런스를 이루는 생활을 하도록 했다.
- 여섯째, 안정된 마음으로 식사를 하고, 어떤 것이든 잘 씹어서 소화하며 먹었다.
- 일곱째, 정신적 비타민을 흡수했다.
- 여덟째, 폴리스크 비간 박사를 주치의로 삼았다. 박사는 록펠러의 건강과 행복을 유지하기 위해 고용되었다.
- 아홉째, 가족들에게까지 영향이 미치게끔 동료의 원한을 사는 일 같은 것은 하지 않았다. 록펠러의 동기는 처음에는 이기적인 것이었다. 그러나 그가 설립한 재단은 앞으로 몇 세대에 걸려 인류에 공헌할 것이다.

당신은 PMA가 완전한 건강에 도움이 되는 것을 자각할 때까지 재산을 만들어서는 안 된다. 그러나 이 밖에 PMA와 함께 쓰지 않으면 안 되는 요소가 얼마든지 있으며, 건강 교육도 그 중의 하나이다.

★

위생학에 대하여

당신은 위생학에 대해서 어떤 것을 알고 있는가?

위생학을 정의하면, '건강 증진을 목적으로 만들어진 원리와 법칙의 체계'라고 말할 수 있다. 사회 위생학의 경우는 특히 육체적 접촉에 의한 전염병이 대상이 된다. 아무튼 육체와 정신의 위생학이나 사회 위생학을 알지 못하면, 잘못을 범하거나 질병에 걸리거나 죽거나 할 수밖에 없다.

그러나 알코올 중독의 치료는 위생학을 가르치는 것처럼 순조롭게 되지는 않는다. 미국에서는 알코올 중독이 보건 문제 중에서 네 번째의 큰 문제가 되어 있다.

알코올 중독은 정신적인 병 다음으로 많아지고 있으며 정신적인 병을 낳은 큰 원인의 하나로 되어 있다. 산업계에서는 알코올 중독에 의해 연간 10억 달러가 넘는 돈을 잃고 있다. 그러나 금전적인 손실 같은 것은 알코올 중독에 의해 육체적 건강이나 정신적 건강을 해치거나 생명을 잃거나 하는 데 비하면 아무것도 아니다.

알코올 중독자에게는 최초로 술에 손을 대기까지 잠자고 있는 정신적인 병이 있는 법이다. 그것이 습관이 되지 않으면 술에 매혹되는 일은 없다. 술을 마시고 좋아지면 술을 많이 마시게 된다. 술을 많이 마시게 되면 술의 매력에 저항하지 못하게 되는 수도 있고, 다만 그렇게 생각될 뿐일 수도 있다.

그리고 환자 가운데는 술의 매력에 저항하려고 했다가 실패하면 자기의 알코올 중독은 이제 도저히 고칠 수 없다고 체념하게 된다.

뇌파 기록 장치 등의 과학 기계를 써서 조사해 본 결과 알코올이 뇌파를 바꾼다는 사실이 알려져 있다. 알코올은 신경 세포의 신진대사에 강하게 작용하여 리듬이 늦어지거나 때로는 강함도 억제되어 의식까지 바꾸거나 한다.

잠재의식이 활동하고 있는 동안은 인간의 신체는 살아 있다. 의식이 활동하지 않게 되어도 장시간 계속 살 수가 있다. 의식에는 여러 가지 단계가 있다.

정기(正氣: 천지의 원리)란 것은 의식과 잠재의식의 활동이 적당한 밸런스를 유지하고 있어서 마음이 건강한 상태에 있는 것을 말한다.

그 경우, 의식과 잠재의식이 같이 활동해도 각각 별개로 의무와 금지 요인을 가지고 있다. 때로는 하고 싶어도 금하고 있는 것을 하는 것이 건강한 것이며 유익한 일도 된다. 그러나 판단과 행동은 밸런스가 맞는 의식과 잠재의식의 활동 결과라야 한다.

의식이 활동하기 시작하면 지성 등의 의식의 힘이 잠재의식을 조정하는 조정기의 역할을 다한다.

이 조정기는 의식의 활동이 둔해지면 제대로 움직이지 않고 인간은 지리멸렬한 행동을 취하게 된다. 지리멸렬한 행동에는 단순히 바보스러운 행동에서부터 정신병의 이름으로 잘 알려진 정신 상태까지 있다.

알코올이 뇌세포에 작용하게 되면 출입 금지의 벽이 낮아져 의식의 억제력이 저하된다.

사실 알코올 중독은 매우 무서운 병이다. 생활이 알코올의 지배를 받게 되면 육체적ㆍ정신적ㆍ도덕적으로 잘못을 범하게 되어 공포 속에 휩쓸리게 된다. 어찌 되었든 일단 알코올에 지배되면 그 지배력에서 피해 나오기란 쉬운 일이 아니다.

그러나 알코올 중독의 치료법은 있다. 어떤 치료법이 있을까?

술 마시는 것을 중지할 일이다. 알코올도 말하기는 쉬워도 행하기란 어렵다. 중요한 것은 하면 된다는 신념이다. 노력하면 반드시 된다.

적극적인 마음을 가지게 되면 금주를 단념하거나 하지 않는다. 전에 실패를 경험했거나 타인이 실패했을 때의 일을 알고 있거나 하기 때문이다. 성공한 경험을 생각해내어서 하려는 마음을 갖고 희망을 품을 수가 있다.

걸음마를 배우고 있는 어린아이가 세 걸음 걷고 넘어졌다고 해서 그 일을 반성하거나 하지는 않는다. 젖먹이는 무의식적인 노력에 따라 진보하는 것이다.

알코올 중독자를 구제해 주는 곳은 많이 있다. 그러나 무엇보다도 중요한 것은 자기 자신을 이겨내지 않으면 안 된다.

일반적으로 자기 힘을 스스로 억제할 수 있을 때까지는 여러 가지로 조언하여 붙들어 주는 사람의 영향 아래 둘 필요가 있다. 또는 PMA가 NMA로 역행하지 않도록 강해질 때까지 그렇게 할 필요가 있다.

PMA는 이것을 자기 자신에게 살릴 마음이 들게 되면 알코올 중독자에 대해서까지라도 기적을 행할 수가 있다.

당신에 대해서도 마찬가지로 건강이나 장수를 가져오는 점에서 적극적인 마음가짐은 기적적인 활동을 할 것이다.

건강에 대한 불안은 자신도 모르는 사이에 PMA를 깨뜨릴 가능성이 있다. 그것도 조금이라도 아프거나 괴롭거나 하면 걱정하기 때문이다.

이런 불안한 상태가 오래가면 오래갈수록 병에 대한 태도는 점점 적극적인 태도에서 소극적인 태도로 변해 간다.

그리고 걱정하고 있던 증세가 실제로 주의를 필요로 하는 상태를 보일 때는, 언제까지나 불안을 느끼면서 아무것도 하지 않고 있으면 그 상태가 더욱더 진행할 뿐이어서는 안 된다. 바로 행동으로 옮겨야 한다.

★
조심하여 행동하라

어느 신문 기사의 표제에 이렇게 나와 있었다.

'장례식에 급히 가던 여섯 명, 시속 106마일의 폭주로 사망'

그 뒤에 다음과 같은 내용이 실려 있었다.

"일요일에 자동차 사고로 죽은 여섯 사람의 장례식이 행해졌다. 이 여섯 사람은 어떤 사람의 장례식에 가다가 과속으로 차를 몰아 사고를 냈다."

보행자처럼 사고를 조심하고 교통 법규를 지켜야 한다.

만일 타인에게 핸들을 맡겼을 때는 그 사람의 육체적·정신적 결함이나 차의 기계의 상태에 당신의 생명이 좌우된다는 것을 잊어서는 안 된다.

운전기사가 술에 취해 있거나, 브레이크가 맘대로 말을 듣지 않는 경우는 설령 차가 자기의 것일지라도 같이 타는 것을 거절할 용기를 가질 일이다. 이것이 자기 생명을 자기가 구제하는 일이 될지도 모른다.

★
종교와 정신병학의 차이

육체와 정신의 건강이나 장수에 대해서 법칙이나 규정은 병리학·심리학·정신병학 등이라는 말이 보통 쓰이게 되기까지에는 종교 속에 많이 포함되어 있었다.

특히 잠재의식에 대하여 영향을 미치는 기술의 응용에 대해서는 무엇보다도 그러한 경향이 더욱 강했다.

그러니까 현재의 정신병원이나 카운슬링이 교파와 관계없이 교회 조직에 필요 불가결한 것으로 되어 가고 있다는 것도 당연하다.

정신과 육체의 건강은 PMA의 두 가지의 건강을 얻어 이를 유지해 나가기 위해서 노력하고 고생하고 또 실행하고 있다.

그러므로 뚜렷한 목적·똑똑하고 바른 해석·창조적인 비전·강인성·사실의 인식 등 열의나 신념을 수반하는 것은 모두 PMA를 습득하여 유지해 나가는 데 크게 도움이 될 것이다.

또한 뚜렷한 목표로 근접해 감에 따라서 앞에 나타나는 것은 무엇일까?

그것은 행복이다.

당신이 현재 행복하다면, 이 훌륭한 행복을 유지하며 그것을 더욱 풍요롭게 하지 않는다면, 어떻게 하면 행복해질 수 있는지 배우고 싶다고 생각할 것이다.

"당신은 행복을 끌어당길 수 있는가?" 하는 것과 PMA에 의한 새로운 성공의 원리를 찾아내 행복 추구의 속도를 빠르게 해야 한다.

병에 걸렸을 때 그것을 극복하는 법칙

마음으로부터 살고 싶다는 욕망을 가질 일이다.

행복을 위한 방법

당신의 행복을 위한 방법은 알고 있는가?

일찍이 에이브러햄 링컨은 말했다.

"내가 보기에 행복의 정도는 대개 마음가짐 하나로 결정되는 것 같다."

개인 차이는 미미한 것이지만, 그 근소한 차이가 큰 차이를 낳는다. 근소한 차이란 것은 태도에 달려 있다. 큰 차이는 적극적이냐 아니면 소극적이냐의 차이이다.

자신의 마음속에서 행복을 찾아라

"나는 행복해지고 싶어요. 하지만 당신을 행복하게 해드리기까지는 나 또한 행복해질 수 없어요."라고 시작되는 유행가가 있다.

자기 행복을 찾아내기 위해서의 가장 확실한 방법은 다른 누구인가를 행복하게 해주기 위해 에너지를 소비하는 일이다. 행복은 붙잡을 데가 없는 것이다. 붙잡으려 해도 그저 막연히 붙잡을 수밖에 없다. 그러나 다른 누구인가를 행복하게 해주려 노력한다면 행복은 당신이 있는 곳에 찾아올 것이다.

오클라호마주 대학 종교학부의 교수 부인이요, 작가인 클레어 존스는 막 결혼했을 무렵의 행복에 대해 이렇게 말하고 있다.

"우리는 결혼하고 나서 2년쯤 어느 조그만 거리에 살았습니다. 이웃 사람은 노부부로, 부인은 시각장애인에 가까워 바퀴 달린 의자에 의지하고 있었으며 남편 또한 그리 튼튼하지도 않았지만, 부인의 시중을 들고 있었습니다. 크리스마스를 앞두고 남편과 나는 크리스마스트리를 장식하고 있었을 때 문득 이웃의 노부부에게도 크리스마스트리를 장식해 드리자는 의논이 되었습니다. 우리는 조그만 크리스마스트리를 사가서 크리스마스 전야에 노부부에게 보냈습니다."

여기까지 얘기하고 나서 그녀는 회상하듯 이렇게 계속했다.

"부인은 반짝반짝 빛나는 꼬마전구를 잘 보이지 않는 눈으로 빤히 바라보면서 울었습니다. 그 남편은 '크리스마스트리를 장식한 것이 몇 해만인지 모릅니다.' 하고 되풀이해 말하는 것이었습니다. 새해에도 우리가 찾아가니 또 두 사람은 우리가 드린 크리스마스 트리 이야기를 했습니다. 우리가 두 사람을 위해 해드린 것은 극히 작은 일이었습니다만, 작은 일이나마 해드린 것이 행복했습니다."

그들이 친절을 베푼 결과로써 경험한 행복은 추억에 남을 만큼 깊고 따뜻한 감정이었다. 그것은 친절한 일을 하는 사람들에게 찾아오는 지극히 특수한 종류의 행복이다.

그러나 앞의 극히 흔한 이런 종류의 행복은 만족의 상태, 즉 행복도 불행도 아닌 불투명한 상태에 가까운 것이다.

행복하다는 것은 적극적인 의식이 불행하지는 않다는 평정한 의식과 결부된 일이 많은 경우에, 당신은 행복하게 있을 수 있다.

당신은 행복해지기도 하고, 만족도 얻을 수 있고, 불행해질 수도 있다. 그 선택은 당신 자신에게 달려 있다. 그 결정적 요인은 당신이 PMA의 영향 밑에 있는가, NMA의 영향 밑에 있는가 하는 것이다. 이것은 당신 나름으로 노력하면 되는 일이다.

자신의 핸디캡을 극복해라

태어났을 때부터 어차피 불행을 한탄하게 될 것으로 생각하던 사람이 있었다고 하면, 그런 경우는 어떨까. 헬렌 켈러야말로 바로 그와 같은 사람이다.

그녀는 태어날 때부터 언어 장애, 청각 장애 그리고 시각 장애인이었으므로 다른 사람들처럼 주위 사람들과의 통상적인 의사소통 때문에 지식을 얻을 수 없었다. 오직 촉각만을 의지하고 타인과 마음을 서로 통하고, 사랑하고, 사랑받는 행복을 맛보았다.

헬렌 켈러의 노력도 눈물겹지만, 그녀에게 사랑의 손을 내밀어 준 헌신적인 훌륭한 선생의 도움은 말 못 하고, 듣지 못하고 보지 못하는 소녀를, 재치 넘치는 밝고 행복한 여성으로 전환했다.

헬렌 켈러는 일찍이 이렇게 쓰고 있다.

"선의에서 조언하거나, 미소로 무언의 격려를 하거나 하여 곤란한 길을 무난히 헤쳐 나온 사람에게 있어 자기가 느끼는 기쁨은 자기의 분신과 같이 가까운 것이요, 그것으로써 살고 있다는 것을 알고 있습니다. 행복을 찾는 사람이, 잠깐 발을 멈추고 서서 생각하면, 이제까지 경험했던 기쁨이 발밑의 풀이나 아침에 꽃에 맺힌 반짝반짝 빛나는 이슬과 같이 수없이 많다는 것을 아실 겁니다."

헬렌 켈러는 주어진 신의 은혜를 생각하고 마음으로부터 감사했다. 그리고 신의 은혜의 기적을 남에게 나누어 주어 기쁨을 맛보게 했다.

그녀는 좋은 것, 바람직한 것을 나누어 주기 때문에 더욱 많은 것, 바람직한 것이 그녀 자신에게로 끌어 당겨져 왔다고 생각했다. 다시 말해서 주는 것이 많으면 많을수록 얻는 것이 많아지므로 행복함을 느낀 것이다.

당신도 타인에게 행복을 나누어 주면 행복은 그만큼 당신의 내부에서 풍부하게 부풀어 오를 것이다.

그러나 비참함이나 불행을 나누어 주면 비참함이나 불행을 당신 자신에게로 끌어들이는 것이 될 것이다. 또 언제나 번뇌 문제가 아니라 구실을 호소하고 있는 사람이 주위에 많다. 이러한 사람들의 번뇌는 진짜 번뇌가 아니다. 그것은 항상 타인에게 번뇌를 나누어 주고 있기 때문이다.

현재의 애정이나 우정을 강하게 찾으면서 얻어질 수도 없는 고독한 사람이 이 세상에는 많이 있다. 그러한 사람 중에는 NMA로, 찾는 것을 거부하는 사람도 있다.

그러한 대부분 사람은 뭔가 좋은 일이 찾아오기를 원하고 있으면서도 자기가 가지고 있는 좋은 것을 타인에게 나누어주려고 하지 않는다. 자기가 가지고 있는 좋은 것이나 바람직한 것을 타인에게 주지 않으면, 자기가 가지고 있는 그러한 것을 조금씩 잃는다는 것을 미처 깨닫지 못하고 있다.

그러나 자기의 기분을 전환하기 위해서 무엇인가를 할 용기를 가지고 있는 사람이라면 좋은 것이나 아름다운 것을 타인에게 나누어 주는 것 속에서 그 답을 찾아낸다.

◆ ◆ ◆

대단히 고독하고 불행한 소년이 있었다.

그는 태어날 때부터 등이 보기 흉하게 구부러지고 왼쪽 다리가 활 모양으로 휘어 있었다. 그러나 이 소년을 진찰한 의사는 소년의 부친에게 이렇게 말했다.

"걱정할 필요 없습니다. 그는 자기 일을 혼자서 무난히 해나갈 것입니다."

그의 집은 가난하였으며 모친은 그가 한 살도 채 되기 전에 죽어 버렸다. 성장해 감에 따라 다른 아이들은 그의 몸이 흉하다든가, 함께 여러 가지 일을 잘할 수 없다는 이유에서 그를 회피하게끔 되었다. 찰스 스타인메츠가 바로 이 소년의 이름이다. 그는 한마디로 고독하고 불행한 소년이었다.

그러나 신은 이 소년을 버리지 않았다.

불우한 환경의 찰스에게는 흉한 신체를 보충하기 위해 뛰어난 기억력이 갖추어져 있었다. 그는 주어진 그 최대의 재산을 활용함으로써 아무 일도 못 하리라 생각하고 있던 육체적 결함을 잊고 공부하여 놀라운 능력을 발휘했다.

그는 5세에 라틴어의 동사 변화를 암기했다. 7세 때에는 그리스어를 배우고, 히브리어도 조금 배웠다. 8세 때에는 이미 수학에 있어서 대수와 기하를 충분히 이해할 수 있게 되었다.

그는 이윽고 대학에 들어가 모든 학과에서 최고의 성적을 따냈다. 그리고 그는 우수한 성적으로 졸업하게 되었다.

그는 열심히 푼돈을 모았으므로 졸업식에 입고 갈 예복을 빌릴 수가 있었다. 그런데 대학 당국은 NMA의 영향 밑에 있는 인간이 가끔 나타내는 동정심 없는 냉정한 태도로 찰스의 졸업식에 출석을 면제한다고 게시판에 내붙였다.

이런 상황에서 찰스는 여러 가지로 번민한 끝에 사람들의 시선을 모아 존경을 끌어내려는 대신에, 이쪽에서 선의를 구하겠다고 생각하게 되었다. 남의 시선을 끌어 자기만족을 느끼는 것이 아니라, 인간의 선의를 펴나가는 능력을 살리는 것이 좋겠다고 생각한 것이다. 그리고 그는 생애의 새로운 길을 걷기 위해서 미국으로 건너갔다.

미국에 도착한 찰스 스타인메츠는 바로 직장을 찾기 시작했다. 그의 모습이 흉하다는 것을 이유로 몇 번인가 박절히 거절당했으나, 주급 12달러로 제너럴 일렉트릭 회사의 도안공으로 취직할 수가 있었다.

그는 정규의 일 외에 많은 시간을 쪼개어 전기 공부에 노력하였고 자기가 가지고 있는 좋은 것이나 바람직한 것을 동료에게 나누어 주도록 함으로써 동료의 우정을 얻으려고 노력했다.

이윽고 제너럴 일렉트릭 회사의 사장이 그의 보기 드문 재능을 알아보고 이렇게 말했다.

"여기에 있는 설비는 전부 우리 회사의 것이다. 이것을 이용해서 하고 싶은 일을 얼마든지 해도 좋다. 연구하고 싶으면 온종일 연구를 해도 관계없다. 그 연구하기 위한 비용은 따로 지급해 주겠다."

찰스는 오랫동안 열심히 진지하게 일했다.
그리하여 일생에 전기 관계의 발명으로 200여 가지 이상의 특허를 받았고, 전기 이론이나 전기 기술 문제에 관한 책이며 논문을 많이 발표하였다. 그는 일이 잘되었을 때의 기쁨을 알고 있었으며, 이 세상을 좀 더 살기 좋은 것으로 만드는 데 공헌하는 기쁨을 알고 있었다.
그는 재산을 모으는 것과 동시에 멋진 집을 사서 잘 아는 신혼부부에게 주기도 했다. 그러므로 찰스의 생애는 행복했으며, 한마디로 그의 삶은 남을 위한 생애였다.

★
행복이라는 것은 가까운 곳에서 발견하라

모든 사람은 자기 생활의 대부분을 가정에서 가족과 함께 지내고 있다. 그런데 사람이나 행복이나 안전의 항구여야 할 그 가정이 불행히도 행복이나 조화 이룬 인간관계를 맛보지 못하는 투쟁의 자리로 변하는 일이 실로 많이 있다.
가정문제는 여러 가지 이유에서 생겨난 것이다. PMA 성공의 과학 강좌의 어떤 학급에서 대단히 머리가 좋고 공격적인 24세쯤 되는 청년이, "무엇인가 문제가 있습니까?" 하고 질문을 받자 그는 대답했다.

"있습니다. 문제는 저의 어머니입니다. 이번 토요일에 저는 집을 나오기로 했습니다."

그가 그 문제에 관해서 얘기하도록 요청받아, 얘기하는 동안에 그와 그의 모친과의 사이의 인간관계가 조화를 이루지 못하고 있다는 것이 분명해졌다. 강사는 모친의 성격도 그와 비슷해 공격적이요, 멋대로인 것을 알았다.

그래서 그는 인간의 성격은 자석의 힘에 비유할 수 있다는 것을 가르쳐 주었다.

그렇게 하기 위해서는 둘의 똑같아 보이는 힘을 나란히 놓고 같은 방향으로 밀거나 잡아당기거나 하면 서로 끌어당기는 힘으로 잡아당긴다. 둘의 힘이 서로 대립할 때는 서로 저항하기 마련이다. 두 사람이 같은 외력에 반발했다고 해도 결국 두 자석과 마찬가지로 별개의 존재이다. 그러나 외력을 끌어당기거나 거절하거나 하는 두 사람의 강한 정도는 설사 한 사람이 대립 관계에 있더라도 그 정도는 더해 간다.

강사는 말을 계속했다.

"당신의 태도와 당신 모친의 태도는 비슷한 점이 있으니까, 모친에 대한 당신의 태도 여하로 당신에 대한 모친의 태도로 정해지게 됩니다. 모친의 기분은 당신 자신의 기분을 분석해 보면 잘 알게 될 것입니다. 그렇다면 당신의 문제는 쉽게 해결할 수 있습니다.

강한 두 사람이 대립하고 있어 다 같이 조화된 생활을 하는 것이 희망일 때, 적어도 한 사람은 PMA의 힘을 이용하지 않으면 안 됩니다."

여기까지 얘기하고 나자 그는 다시 그를 바라보며 다시 이렇게 말했다.

"그러면 이번 주의 숙제를 당신에게 내드리지요. 모친으로부터 무슨 일을 부탁받거든 기꺼이 하도록 하시오. 공연한 군소리를 해서는 안 됩니다. 모친의 결점이 눈에 띨 것 같을 때는 좋은 면을 찾아내도록 하시오. 그렇게 하면 대단히 기분 좋게 지내게 될 것입니다. 그렇게 한다면 당신의 모친도 당신이 말하는 것을 듣게끔 되겠지요."

"그렇게 잘 안 됩니다. 어머니는 도저히 제 말을 들을 분이 아닙니다."

그 수강자가 대답했다.

"그러나 당신이 PMA로 잘되도록 마음먹으면 불가능하지는 않을 것입니다."

강사는 말했다.

1주일 후에 그 젊은이는 문제의 경과를 질문받았다. 그의 대답은 다음과 같은 것이었다.

"염려해 주신 덕택에 요 1주일 동안은 두 사람 사이에 불쾌한 말이 오고 가지 않았습니다. 저도 집에 있기로 했으니까 안심하십시오."

★
행복해지려면 남을 먼저 이해하라

만일 당신이 행복해지고 싶거든 남을 먼저 이해하도록 노력해야 한다. 그러나 남의 에너지양이나 능력은 당신의 그것과 똑같지가 않다는 것을 인식해야 한다.

남의 생각이 당신과 똑같을 수는 없다. 남이 좋아하는 것과 당신이 좋아하는 것은 다르다는 것을 이해하도록 하라.

이것을 인식하게 되면 당신 자신 속에 PMA를 길러, 타인의 마음 속에 바람직한 반응을 생겨나게 하는 것이 퍽 쉽게 될 것이다.

자석은 반대되는 극끼리 서로 끌어당긴다. 그리고 이해가 공통되는 경우에는 두 사람의 성격이 많은 점에서 정반대일지라도 서로 잘해 나갈 수가 있다.

어떤 경우에 한 사람은 야심적이요 고집이 세고, 대담하고도 낙천적이며 정력적으로 에너지와 끈기가 있다. 또 한 사람은 겁이 많고 마음씨가 좋으며, 언제나 빈틈이 없고, 같이 있어도 서로 보충해 주고 기운을 북돋아 주며 격려해 준다.

그러면 서로의 성격이 혼합되어 결과는 극단적인 성격이 중화된다. 그러니까 한쪽 인간의 성격만이 세게 밀려 나가고, 또 한쪽의 인간이 욕구 불만에 빠지는 그런 일은 피할 수가 있다.

당신과 성격이 비슷한 사람과 결혼했다고 하면 당신은 행복해진다고 말할 수 있는가 정직하게 대답해 보자. 아마도 대답은 노(NO)

일 것이다.

어린아이들에게 부모가 해주는 것을 모두 이해하고 고맙게 여기도록 가르칠 수도 있다. 가정불화의 원인의 대다수는 어린아이들이 부모를 고맙게 생각하고 이해하지 않는 데 있다. 그러나 그것은 누구의 책임일까? 어린아이들의 책임일까? 부모의 책임일까? 그렇지 않으면 양쪽의 책임일까?

얼마 전의 일이다. 우리는 훌륭한 업적을 올리고 있는 어떤 큰 단체의 회장과 만나기로 되어 있었다. 그가 공적인 기관에서 행했던 뛰어난 일에 대해 전국의 신문들은 모두 그를 호의적으로 소개하고 있었다. 그런데 우리가 만났을 때의 그는 몹시 불행해 보였다.

"나를 좋다고 하는 사람은 한 사람도 없을 겁니다. 우리 아이들마저도 싫어하고 있으니까요. 무슨 까닭일까요?"

그가 물었다.

사실 이 사람은 선의의 사람이다. 돈으로 살 수 있는 것은 무엇이든지 자신의 아이들에게 사주었다. 그는 어려서 자기 구실을 할 수 있는 사람의 장점을 몸에 지니도록 강요당했을 때와 같은 일을 어린아이들에게 강요하는 것을 피했다. 또한 그가 싫어하는 생활 가운데의 일은 어린아이들에게 하지 않도록 했다.

그가 경험하지 않으면 안 되었던 그런 고생을 자기의 자식들이 겪지 않도록 했다. 아들과 딸이 어려서는 그들이 감사해 주길 요구하거나 기대한 일은 한 번도 없었고, 실제로 감사해 준 일도 한 번도 없었다.

그러나 그는 이해하려 노력하지 않더라도 어린아이들은 그를 이해하고 있다고 생각하고 있었다.

싸움해도 괜찮으니까 어린아이들에게 부모에게 감사하는 마음을 갖게 할 것과 강해질 것을 가르쳤더라면 사정은 달라져 있었을 것이다. 그는 어린아이들을 행복하게 하는 것으로 행복을 맛보고, 남을 행복하게 해줌으로써 자기도 행복해진다는 것을 어린아이들에게 가르쳐 주지 않았다. 그 때문에 어린아이들의 행동은 그를 불행하게 했다.

어렸을 때의 아이들이 좀 더 그들과 마음을 털어놓고 서로 이야기하고, 그들을 위해 여러 가지 고생한 일을 이야기해 주었더라면, 그들은 아마 그에 대해 좀 더 이해 있는 태도를 보이게 되었을지 모른다.

그러나 이 사람들의 경우가 아니라 똑같은 위치에 서 있는 사람이라도 언제까지나 불행하다고 느낄 필요는 없다. 그때는 마스코트를 PMA 쪽으로 뒤집어 자기에 대한 것을 사랑하는 자들에게 알도록 하고 이해하여 주도록 진지하게 노력할 수는 있을 것이다.

그리고 재력으로 줄 수가 있는 물리적인 것을 어린아이들에게 주는 대신에 자기 자신을 나누어 줌으로써 애정을 나타내는 기회를 얻을 수가 있다. 돈을 주었을 때처럼 선뜻 자기 자신을 나누어 주면 그들의 애정도 이해라는 형태의 풍부한 보수를 받게 될 것이다.

물론 여기에 소개한 사람도 그런 것은 잘 알고 있었다. 자기 아이들이나 타인에 대한 마음 쓰는 방법도 잘못되어 있지 않다. 그러나 그들이 이해해 주리라고 생각하고 있었다. 그는 자신이 한 행동에 대해서 단순히 그들이 이해해 주리라고 생각하고 있었다. 그러면서도 이해해 주도록 작용시킬 기회를 얻지 않았다.

그는 뭔가 자신의 마음가짐을 바꿀 수가 있는 책으로 구원을 받을 수가 있지 않겠느냐고 물어보았다. 우리는 '친구를 만들고 사람을 움직이는 법' 등 몇 권의 책을 소개했다. 그리고 어린아이들도 생각하는 능력을 갖춘 사람이라는 것을 가르쳐 주었다.

★

언어의 전달에 유익하라

당신은 멋진 사람이다.

그러나 그렇게 생각하지 않는 사람도 있을 것이다. 그러한 사람이 당신이 말하고 행동한 일에 대해 악의에서 부당하게 적대적인 태도를 보이는 것 같더라도 그것은 어떻게든 가능하게 된다. 그런 것을 보더라도 당신과 똑같은 인간인 것이다.

당신은 사람을 끌어들이거나 배척하거나 하는 힘을 가지고 있다. 이 힘을 잘 이용하면 건전한 친구를 끌어들이고, 당신에게 좋지 않은 영향이나 나쁜 영향을 미치는 사람을 배척하거나 할 수가 있다.

　NMA는 기계적인 행동으로 좋은 것을 밀어내고 나쁜 친구를 비롯한 좋지 않은 것을 끌어들이기 쉽게 된다.
　남에게 좋지 않은 느낌이 들게 하는 원인은 당신의 언행에 있다. 또한 당신의 진짜 내적 감정과 태도도 그 원인이 될 수 있다. 남에게 듣기 좋은 목소리는 그 사람의 기분이나 태도, 숨은 생각을 나타내는 수가 가끔 있다.
　비록 자기의 결점을 자각하는 것은 어려운 일일지 모르겠지만, 가끔 자기 결점을 알아차렸다 하더라도 자발적으로 자기 자신을 바르게 하는 것은 매우 어려운 일이다. 그러나 당신이 그것을 하지 못할 리가 없다고 생각하라.
　당신은 그러한 마음가짐을 우수한 세일즈맨으로부터 배울 수가 있다. 그 세일즈맨은 예상한 손님의 반응에 민감해지는 즉, 인격 투쟁의 문제를 가정으로 들고 들어간다면 당신의 가정생활과 사회생활은 좀 더 행복하고 알찬 것이 될 것이다.

　당신이 감정이 남의 언행에 의해 가끔 상처를 입는다고 하면, 당신 자신도 아마 당신의 언동에 의해 남에게 불쾌감을 주어야겠다고 마음에 두고 있을 것이다.
　그러나 감정을 상하게 되었을 때는 어째서 그렇게 되었는가, 그 진짜 이유를 알아내어 남에게 똑같은 반응을 일으키게 하는 일은 하지 않도록 해야 한다.

당신이 소문에 의해 불쾌감을 느낀다면, 자기는 소문을 내서는 안 된다고 생각하거나 자기도 타인에게 불쾌감을 주고 있지 않나 하고 생각하거나 할 일이다.

또 남과 얘기를 하고 있으면서 상대방이 당신에 관한 이야기를 한 태도를 불쾌히 생각했다면, 같은 언동으로 타인에게 불쾌감을 주지 않도록 해야 한다.

누구인가가 화난 목소리로 당신을 야단칠 때 기분 나쁘게 느꼈다면 당신이 그 상대, 설사 다섯 살짜리 아들이나 극히 가까운 집안사람이라도 야단을 치면 타인에게도 싫은 느낌을 준다는 것을 생각해야 한다.

타인에게 당신의 기분을 오해받고 불쾌감을 가졌다면 당신의 기분을 피력하라. 그리고 그 오해를 선의로 해석하라. 당신의 논쟁·아이러니·가시 돋친 유머·생각, 그리고 친구·친척에 대한 비판을 기뻐할 수 없으면 타인도 똑같다고 생각하는 것이 당연하다.

모든 이들에게 인사를 받고 싶다면, 또는 남이 기억해 주길 바란다면, 혹 누구인가가 당신에 대한 것을 생각하고 있음을 알고 기쁘게 생각한다면, 당신에게서 인사를 받거나 기억하고 있다거나 당신이 생각하고 있는 것을 말하거나 하면, 남도 기쁘게 생각하리라는 것은 쉽게 상상할 수가 있을 것이다.

★

만족을 느끼는 법

여러 가지에 칼럼을 쓰고 있는 나폴레옹 힐은 '만족'이란 제목으로 기사를 쓴 일이 있다. 그 기사가 당신에게 도움이 될지도 모르겠다.

그것은 다음과 같은 것이다.

세계에서 제일 돈 많은 부자가 행복의 골짜기에 살고 있다. 그는 오래가는 물건, 즉 그에게 만족과 건강과 정신의 안식과 마음의 조화를 부여해 주는 것을 많이 가지고 있다.

그가 모아서 있는 재산은 다음과 같이 해서 손에 넣은 것이다.

- 나는 남의 행복을 찾아 줌으로써 스스로 행복을 찾아냈다.
- 나는 절도 있는 생활을 하고, 건전한 신체를 유지하는 데 필요한 만큼의 것밖에 먹지 않도록 하여 건강을 얻었다.
- 나는 남을 미워하거나 원망하거나 하지 않고 모든 사람을 사랑하고 존경한다.
- 나는 절반은 즐기면서 여유를 가지고 사람의 노동에 종사하고 있다. 그러니까 피로한 것을 그리 알지 못한다.
- 내가 매일 기도하는 것은 재산이 좀 더 늘어났으면 하는 것이 아니라 좀 더 사려 깊게, 지금 가지고 있는 많은 재산을 알고 받아들여

맛보는 것이다.

- 나는 항상 남의 이름에 경의를 표하고 있으며, 어떤 이유가 있든 남을 해치는 일은 하지 않는다.
- 나의 동정을 바라는 사람들 모두에게 그것을 주는 특권 이외에 나는 아무에게도 아무것도 바라지 않는다.
- 나는 양심에 충실하니까 무엇을 해도 잘못을 범하는 일은 없다.
- 나는 필요 이상으로 물질적인 재산을 가지고 있지 않다. 물욕이나 선망과는 인연이 없기 때문이다. 살아 있는 동안에 건설적으로 쓸 만큼의 것이 있다면 좋은 것이다. 나의 재산, 내 행복 골짜기의 부동산에는 세금이 붙지 않는다. 그것은 주로 내 마음 닿을 수 없는 곳 재산 속에 있고, 내가 사는 방식에 공명해주는 사람들을 제외하고 과세하거나 평가하거나 할 수는 없기 때문이다. 나는 자연의 법칙에 따르고, 이에 순응하는 습관을 몸에 붙이고 계속 노력하여 이 재산을 구축할 것이다.

행복의 골짜기에 사는 주민의 이 성공의 신조에는 판권이 없다. 누구나 이것을 자기 것으로 만들면 양식과 평안함과 만족을 얻을 수 있다.

유대 교회의 목사 루이스 번스토크는 그가 지은 '신앙의 힘' 속에서 행복에 대해 다음과 같이 서술하고 있다.

"인간이 태어났을 때는 하나로 통합되어 있다. 인간이 형성하고 있는 세계가 인간을 뿔뿔이 흩어지게 하는 것이다. 어리석은 세계, 허위의 세계, 공포의 세계이다. 신앙의 힘, 자기 자신에 대한 신앙, 동포에 대한 신앙, 운명에 대한 신앙, 신에 대한 신앙을 빌면 다시 인간은 하나로 통합된 것이 된다. 그리고 그때 비로소 세계는 정말로 하나가 되리라. 그리고 그때 비로소 행복과 평화를 찾으리라."

인간이 올바르면 인간의 세계는 올바르게 된다는 것을 잊어서는 안 된다. 행복도 재산이나 불행이나 빈곤과 마찬가지로 끌어당길 수가 있다.

♔

당신이 행복해지기 위한 법칙

자기 주위에서 행복을 찾을 일이다.

신비의 힘인
정신을 탐구하라

당신을 정신(靜神)이라고 정의한다면 신비적인 힘 - 기지(旣知)의 힘과 미지(未知)의 힘을 가지고 있다. 당신의 마음속에 잠재하는 이 신비한 힘을 적극적으로 탐구해야 한다. 이제부터 그 이유를 이야기하겠다.

그 힘을 발견하면 당신은 심신의 건강과 행복·재산, 일의 성공, 당신이 이미 깨닫고 있는 힘과 아직 깨닫지 못한 힘에 작용시켜, 그것을 이용하고 지배하며, 완전히 자기 것으로 만드는 방법 같은 것을 체득할 수가 있다.

철저히 적극적인 마음가짐으로 이 미지의 정신력을 탐구해 보라. 이 힘을 이용하는 방법을 배우면 당신이 그것을 응용할 수 있다. 또 그것은 그리 어려운 일이 아니다.

일찍이 창조된 것 중 가장 정교한 인간이라는 기계에서, 당신이 바라는 것을 끄집어내기 위해서 올바른 채널을 돌리는 방법과 단추를 누르는 방법을 배울 것이다. 이 특수한 기계는 신이 만든 걸작이다. 당신은 이 기계를 가지고 있다.

이 기계의 구조는 어떻게 되어 있는가? 그렇다. 특별히 이 기계는 80조 개 이상의 세포로 되어 있으므로 당연히 다수의 부품이 있다. 그리고 어느 부품도 그것 자체가 하나의 기계인 것이다.

그중의 하나는 전기적으로 굉장한 성능을 가진 부품이지만, 그 무게는 겨우 50온스(약 1.4kg)에 지나지 않는다. 그 기구는 100억 이상의 세포로 만들어져 있어 발전·수신·기록·에너지의 전달과 같은 일을 하고 있다.

당신이 가지고 있는 이 놀랄 만한 기계란 무엇인가? 그것은 당신의 몸이다. 설사 당신이 팔을 하나 잃어도, 또는 한쪽 눈을 잃든지 그 밖의 다른 곳에 결함이 생기는 일이 있다손 치더라도 역시 당신임에는 변함이 없다. 장래에도 당신 이외의 사람이 되거나 하는 일은 없다.

부품의 하나인 멋진 성능을 가진 전기계란 무슨 말인가? 그것은 당신의 두뇌이다. 기계가 당신 신체를 통제하고, 이 기계가 있으므로 당신의 마음은 활동하는 것이다.

더구나 당신의 마음에도 부품이 있다. 그 하나는 의식이요, 다른 하나는 잠재의식이다. 이들은 동시에 활동한다. 공동 작업을 영위하는 것이다.

과학자는 마음속에 의식되어 있는 면에 대해서는 대단히 많은 것을 알고 있다. 그러나 과학자가 잠재의식이라는 광대한 미지의 영역 탐구에 착수한 것은 겨우 100년도 못 되는 이전의 일이다.

그러나 원시인들은 인류의 역사가 시작된 무렵부터 잠재의식의 신비적인 힘을 교묘하게 이용해 왔다. 현대에도 오스트레일리아의 원주민이나 다른 미개 민족 사이에서는 이것이 크게 행하여지고 있다.

자, 그럼 드디어 본제 '신비의 힘, 정신'의 탐구를 시작하자.

시드니의 빌 마코르의 체험담 실패와 패배에서 성공과 승리로 여행에 관한 이야기를 듣기로 하자.

◆　◆　◆

빌이 독립하여 피혁업을 시작한 것은 그가 19세 때였지만, 이 사업은 실패로 끝났다. 21세기 때 의회 의원 선거에 입후보하여 또 실패했다. 그리고 이 밖에도 몇 번씩 실패했지만, 이 젊은이는 이에 굽히는 일 없이 도리어 분발했다.

빌은 어떻게 해서든 부자가 되고 싶다고 생각했다. 그래서 사람을 분발시켜 주는 그런 책을 읽으면 재산을 모으는 데 필요한 법칙을 찾아낼 수 있다고 생각하고, 도서관에 가서 그와 같은 책을 찾았다.

그리하여 '생각하라, 그러면 부자가 될 수 있다'라는 책을 보았을 때 그 책의 제목에 끌렸다. 곧 그 책을 빌려 왔다. 그러나 한 번 읽고 두 번 읽고 세 번 읽어도 세계의 대부호들이 실행해서 성공한 원리를 그 자신의 경우에 어떻게 적용하면 좋을지 알 수가 없었다.

그는 최근 만난 사람들에게 다음과 같이 얘기해 주었다.

"내가 이 책을 네 번 읽고 있을 때의 일이었습니다. 시드니의 상점가를 어슬렁어슬렁 거닐고 있노라니까 문득 어떤 생각이 뇌리에 번득였습니다."

그는 미소 지으며 이야기를 계속했다.

"나는 자신도 모르게 큰 소리로 이거다! 나도 알았다! 하고 소리 쳤습니다. 너무 심한 흥분에 나 자신도 놀랄 정도였습니다. 나는 이 새 발견을 가슴속에서 되풀이하여 집으로 돌아왔습니다. 나는 이미 어린 시절에 아버지가 '의식적 자기암시에 의한 자기 지배'라는 에밀 쿠에의 책자를 큰 소리로 들려준 일을 지금도 기억하고 있습니다."

그는 진지한 어조로 계속했다.

"만일 에밀 쿠에가 의식적 자기암시 때문에 사람들에게 건강을 주고 병을 고치는 데 성공했다면 재산이라든가, 그 밖의 무슨 일이든 남의 소망을 성취하기 위해서도 자기암시를 활용할 수 있다고 책 속에서 당신은 지적받았지요? 자기암시를 활용해 부자가 돼라! 이것은 나의 큰 발견이요 나에게는 새로운 사고방식이었습니다."

빌은 그다음에 그 원리를 말했다. 마치 그 책에 있던 것을 암기하고 있는 것 같았다.

"의식적 자기암시는 마음에 강한 영향을 주는 효력이 있습니다. 이것을 사용하면 창조성 있는 사고방식을 적극적으로 사람 마음의 잠재의식에 심어 줄 수가 있습니다. 그러나 방심하면 의식적 자기암시 때문에 풍부한 꽃밭과도 비슷한 마음속 파괴성 있는 사고방식의 침입을 허락하는 것이 되기도 합니다. 매일 2회 주의력을 집중하고 감정을 집중하여 돈을 갖고 싶다는 당신의 소망을 쓴 문장을 큰 소리로 읽어 대면, 이미 그 돈을 소유하고 있는 자기 모습을 보거나 그것을 만져 본 것 같은 느낌이 들게 됩니다. 이것은 당신이 자기의 잠재의식에 당신이 소망하는 것을 단도직입적으로 통신하고 있는 것입니다. 이것을 되풀이하고 있으면 당신의 소망을, 현실의 돈으로 바꾸는 노력을, 더욱 효과적인 것으로 하는 방법을, 생각하는 습관을 적극적으로 몸에 지닐 수 있습니다."

이렇게 말한 다음 그는 사람들을 둘러보며 다시 말했다.

"자기암시의 원리를 활용하는 능력은, 당신의 희망이 활활 타오르는 불과 같은 열망으로 놓이기까지 당신이 그 일에 정신을 집중할 수 있느냐 없느냐에 크게 좌우되는 것입니다. 나는 숨을 헐떡거리며 집으로 돌아오자 곧 식당의 테이블 앞에 앉아, 나는 어떻게든 백만장자가 될 것을 결의한다고 썼습니다."

빌은 아직도 사람들에게 고개를 돌린 채 이야기를 계속했다.

"돈을 벌고 싶다고 생각하는 사람은 명확한 금액과 목적 달성의 기일을 결정해 놓지 않으면 안 된다는 의견이었습니다. 나는 그대로 실행했습니다."

지금 말한 사람은 19세기에 실패했던 청년 빌 마코르는 아니다. 오늘날 그는 오스트레일리아 의회에서 가장 나이 어린 의원이 된 윌리엄 V. 마코르 씨요, 시드니의 코카콜라계 회사의 중역 회장 이외에 22개의 방계회사의 중역을 겸무하고 있는 명사이다.

또 그의 재산은 그가 읽었던 책에 나와 있던 부호들 못지않을 정도로 막대하다. 그는 그 책에서 자기암시를 써서 잠재의식의 힘을 해방하는 것을 배웠다. 그리하여 그는 예정보다 빨리 소기의 목적을 달성했다.

잠재의식은 독서나 사고의 내용 등에 영향을 받는다. 그러나 또 의식의 영역과 식역(자극으로, 의식이 각성하여 감각을 일으키는 그 경계) 아래의 것이기는 하지만, 독서같이 강한 영향을 가진, 눈에 보이지 않는 힘도 있다.

이 눈에 보이지 않는 힘에는 이미 아는 물리적인 원인에 의한 것도 있지만, 또 미지의 원인에서 유래하는 힘도 있다. 이 미지의 원인에 대하여 논의하기 전에 번스 파카도의 저서 '숨은 설득자'가 발간된 이래 지금은 벌써 상식으로 되어 있는 하나의 예를 적어 보겠다.

최초로 미국 신문에서 전국적인 일류 잡지에 소개된 잠재의식 광고라는 표제의 리포트에 의하면, 뉴저지주의 어느 영화관에서 관객이 의식할 사이도 없을 정도로 눈 깜짝할 사이에 광고문을 스크린에 투영하는 실험을 했다.

그 실험은, 어느 영화관에서 6주간 걸쳐 시행되었다. 즉 4만 명

이상의 관객을 아무것도 알리지 않고 실험의 대상으로 하여, 육안으로는 보이지 않는 특수한 방법으로 영화관 휴게실에서 팔고 있는 두 가지 상품의 광고문을 스크린에 한순간 영사했다.

그 6주간이 지났을 때, 이 광고문의 두 가지 상품 중 하나는 50% 이상이나 매출이 상승했고, 다른 하나는 약 20% 늘었다.

스크린의 광고문은 눈에 보이지 않았으나, 그런데도 그 관객 중 다수의 사람에게 효과가 있었다.

그 이유는 의식에는 기억이 남지 않을 정도로 희미한 인상이라도 잠재의식에 그것을 흡수할 능력이 있기 때문이라고 고안자는 설명하고 있다.

그러나 그들에게는 오히려 PMA를 취하는 사람이 없다는 것이 의외였다. 잠재의식의 암시는 선별하여 쓸 수도 있기 때문이다. 힘이란 것은 나쁜 일에도, 좋은 목적에도 쓸 수 있다는 것은 누구나 알고 있으므로 이용 방법의 차이는 매우 큰 것이다.

타인의 마음을 사로잡는 법칙

신비의 힘, 정신력을 이용할 일이다.

PART 5

나는 어떻게 고민을 극복하였는가

나는 밑바닥에 떨어졌으나 그것을 이겨냈다.
이제부터는 위를 향해 가는 것이다.
"만일 너희의 번민을 나에게 넘겨주면, 결코 번민은 없을 것이며
나는 너희를 지켜 주리라."

나를 괴롭힌 마음의 번거로움

오클라호마주 블랙우드 대학교수

이 세상 마음의 번거로움이 나의 어깨에 떨어져 얹힌 것 같은 기분이 들었다. 나는 다른 보통 사람과 같이 40년 이상을 남편으로서, 아버지로서, 사업가로서의 수고로움밖에는 알지 못한 채 단란한 생활을 보내고 있었다. 그런 정도의 수고는 간단하게 처리할 수 있었다. 그런데 돌연 여섯 가지의 커다란 문제가 몰려온 것이다. 나는 잠자리에 들어가서도 궁리를 하면서 날이 밝는 것조차 두려워했다. 그것은 마음의 번거로움에 직면해 있는 까닭이었다.

• 내가 경영하는 실업계 직업 훈련 학교는, 학생들이 차츰 줄어들기 때문에 경제적 위기에 직면하게 되었다. 더구나 대부분 여학생은 어떤 훈련을 받지 않고도 군수 공장에서 일할 수 있었으며, 내 학교

의 졸업생까지도 틈만 나면 아르바이트를 했다.

- 내 큰아들은 군에 입대하였다. 그래서 나는 자식을 전쟁터에 보낸 부모들의 공통적인 걱정을 가지게 되었다.

- 오클라호마시는 방대한 토지를 비행장 기지로 수용할 것을 결정했는데, 내 집은 그 중심에 있다. 나는 수용될 토지에 대해서는 시가의 10분의 1밖에 받지 못한다는 것을 알게 되었고, 그 때문에 곤란한 것은 집이 없어진다는 것이다. 주택 부족의 현실, 우리 가족 여섯 식구가 살 집이 찾아질 것인지 의문이었다. 천막을 치고 살지 않으면 안 될지도 모르겠는데, 그 천막조차 구할 수 있을지 걱정이었다.

- 우리 집 우물이 메말랐다. 인근에 방수로가 매몰되었기 때문이다. 새로운 우물을 파려면 5백 달러는 있어야 한다. 그러나 토지의 수용이 결정되지 않아서 나는 두 달 동안을 매일 물통으로 물을 길어다 가축 먹일 물을 마련하지 않으면 안 되었다. 그러나 이 일이 전쟁이 끝날 때까지 계속되지나 않을까 하고 적잖이 걱정했다.

- 나는 우리 학교에서 10마일가량 떨어진 곳에 살고 있었다. 내 자동차는 B급이었는데 새 타이어를 갈아 끼우지 않았다. 그러므로 낡은 타이어가 못 쓰게 된다면 어떻게 학교에 가야 할지 걱정이었다.

- 내 큰딸은 예정보다 1년 빨리 고교를 졸업했다. 그 아이는 대학에 가고 싶어 했으나, 나로서는 그 학비를 댈 수가 없었다. 사랑스러운 딸을 실망하게 될 것 같아 참으로 가슴 아팠다.

어느 날 오후, 사무실 의자에 앉아 여러 가지 생각으로 괴로워하

고 있다가 문득, 이러한 문제를 전부 종이에 기록해 보기로 했다. 이 세상에 나 이상의 많은 걱정이 있는 사람은 한 사람도 없을 것 같은 기분이 들었다. 나는 해결될 것 같은 문제를 찾아내어 이룰 것 같은 용기는 가지고 있었으나, 지금 내 마음의 번거로움은 나의 손에서 벗어날 것 같지가 않았다. 모두 어떻게 할 수가 없었다. 거기서 나는 날과 달이 바뀜에 따라 그것을 잊어버리고 말았다.

1년 반 후에 나는 내 마음의 번거로움의 명세표를 만들었었는데 우연히 그 표를 발견했다. 나는 한때 건강마저 해치게 될 것 같은 그 고민거리의 명세표를 비상한 흥미를 느끼고 읽어 봤다. 그리한 번민은 하나도 현실화되지 않았다.

일의 성사는 다음과 같았다.

- 학교를 폐쇄해야 할 것이 아닌가 하는 염려는 불필요하게 되었다. 정부가 퇴역군인들의 재교육 활용장으로 사용함에 따라 보조금을 출자하게 되어 학교도 그것으로 충당되었기 때문이다.
- 입대한 아들에 대해서도 염려는 필요치 않았다. 그는 상처 하나 없이 건강하게 있었다.
- 비행장으로 계획했던 토지에 대해서도, 내 농장에서 1마일 이내의 곳에서 석유가 발견되어 땅값이 폭등하였기 때문에, 예산 관계상 매수가 불가능해진 것이다.
- 가축에게 먹일 물 문제도 염려할 필요가 없었다. 토지의 수용이 중지되었기 때문에 나는 돈을 들여서 새로운 우물을 깊이 팠더니 좋

은 물이 콸콸 솟아났다.

- 타이어의 염려도, 잘 보수하여 조심이 운전함으로써 타이어를 더 지탱할 수 있게 되었다.
- 딸의 교육에 대해서도 번민은 사라졌다. 대학의 신학기가 시작되기 두 달 전에, 기적같이 학교의 시간 외에 할 수 있는 회계감사의 일이 의뢰됐다. 그래서 딸을 대학에 입학시킬 수 있게 되었다.

우리가 염려하고 번민하던 일들이 99%는 절대 일어나지 않을 것이라고 말한 사람이 많았으나, 1년 전에 걱정거리의 명세표를 작성할 때까지는 나는 그 이야기를 듣고 흘려버렸다.

나는 이상의 여섯 가지의 번민을 잊게 된 것을 감사하고 있다. 이 경험은 나에게 잊을 수 없는 교훈을 가져다주었다. 그것은 나에게 생기지도 않은 일, 즉 일어나지 않을지도 모르는 그럼으로써 인력으로는 어떻게 할 수도 없는 일에 대해서 걱정만 한다는 것은 어리석은 일이라는 것을 가르쳐 주었다.

기억하라. 오늘은 어제 당신이 고민하던 그 내일이다. 스스로 물어보라. 지금 내가 고민하는 일이 정말 일어날지 어떨는지는 아무도 모를 일이 아닌가?

세상일을 즐겁게 전환해라

매사추세츠주 로저 W. 봅슨(저명한 경제학자)

나는 현실에 있어서 슬픔에 젖어 있을 때라도, 한 시간 이내에 그 번민을 쫓아 버리고, 세상일을 즐겁게 전환할 수가 있다.

여기에 나의 방법을 소개하고자 한다.

◆　◆　◆

나는 서재로 가서 역사책들이 있는 책꽂이 쪽으로 걸어간다. 그리고 눈을 감은 채 한 권의 책을 뽑는다. 그것이 프세스코트의 '멕시코 정복'인지, 스에토니우스의 '12시저전'인지 알 수 없다. 그리고 계속 눈을 감은 채 무작정 책을 펼치는 것이다. 그런 다음에 눈을 뜨고 그 책을 한동안 읽어 나간다.

역사의 각 장에는, 전쟁·기아·빈곤·질병·동포애에 대한 비인
간성 등의 비참한 이야기로 가득 차 있었다. 한 시간 동안 역사를
풀어나간 후, 나는 현재의 상태가 절대 좋지는 않으나 과거와 비교
해 보면 나아졌다는 것을 확실히 인식할 수가 있다. 그리고 여기에
있어서 나는 전체적으로 세계가 조금씩 나아져 가고 있다는 것을
알게 되는 동시에, 나의 현재의 고민에 대해서도 대담하게 재검토
할 수 있게 되었다.

　이 방법은 일상을 차지할 만큼 가치가 있다.
　역사(歷史)를 읽어라. 일만 년 전의 관점에 서서 사물을 판단하
라. 그렇게 하면, 당신의 번민을 영원한 곳에서 보면 전부 이루어
질 수 있다는 것을 알게 되리라.

오늘이 인생의 첫날이며 최후의 하루이다

윌리엄 라이언 헬프스 교수

나는 예일 대학의 헬프스 교수가 작고하기 얼마 전, 그와 함께 오후를 함께 지낼 영광을 가졌었다. 다음은 그때의 대화를 노트에 기록해 둔 것이다.

_데일 카네기

내가 스물세 살 때, 돌연 나의 두 눈이 나빠졌다. 3~4분만 책을 읽어도 눈은 바늘에 찔린 것 같았다. 그리고 책을 읽지 않을 때도, 지나치게 과민한 상태에 놓여, 창가를 바라볼 수 없을 지경이었다.

나는 뉴헤븐이나 뉴욕의 유명한 안과 전문의사의 진료를 받았으나 아무런 효과도 없었다. 오후 4시가 지나면 나는 방안에서 제일 어두운 곳에 앉아서 잠잘 시간을 기다릴 뿐이었다. 나는 겁이 났다. 교직을 그만두고 서부로 가서 나뭇단이라도 지지 않으면 안 되는가 걱정이 되었다. 그때 육체적 고통에 대한 정신의 이상한 영향을 주는 기묘한 일이 일어났다. 나의 눈이 최악의 상태에 놓였던 그 불행한 겨울, 나는 대학 졸업생들 앞에서 강연하게 되었다.

강당은 천정에 달린 가스등으로 휘황하게 비치고 있었다. 그 빛이 너무 강하게 비치므로 나는 마룻바닥만 보고 있었다. 그러나 나는 30분간의 강연 중 눈에 아무런 고통을 느끼지 않았고, 조금도 눈을 깜박이지 않고 그 빛을 보게도 되었다. 그리고 강연이 끝났을 때는 다시금 나의 눈은 아픔을 느꼈다.

그래서 나는 무언가에 정신을 강하게 집중시키면, 30분이 아니라 한 주일만 그렇게 할 수 있다면 나의 눈은 틀림없이 나을 수 있다고 생각했다. 이것은 분명히 육체적인 질환에 대한 정신적 승리의 한 예였다.

나는 후일 배를 타고 대서양을 횡단 중에도 같은 경험을 했다. 그때는 격심한 요동을 일으켜 걸음을 걸을 수 없었다. 똑바로 서려고 해도 심한 고통을 느꼈다. 이런 상태에 있을 때, 선객들에게 이야기를 들려달라는 의뢰를 받았다. 내가 이야기를 시작하자 나는 고통을 잊고 똑바로 설 수 있었다. 모두 내 몸에서 없어진 것이다.

나는 똑바로 서서 연단을 이리저리 거닐면서 한 시간을 이야기했다. 그리고 강연이 끝났을 때는 쉽게 내 방으로 걸어올 수가 있었다. 그 순간, 나는 완쾌된 것으로 생각했다. 하지만 그것은 일시적인 것이었다. 그러는 중에 또 요동이 일어나기 시작했다.

이러한 경험은, 사람의 정신적인 태도가 얼마나 중대한 것인가를 나에게 제시해 준 것이다. 그것이 가능한 동안에 되도록 인생을 즐기는 것이 대단히 좋다는 것을 가르쳐 주었다. 그러므로 나는 오늘이 인생의 첫날이며, 또 최후의 하루인 것같이 날마다 생활하는 것이다.

나는 인생의 나날의 사건에 흥미를 느끼고 흥분상태에 있는 사람은 분별없는 번민으로 고생은 하지 않으리라는 것이다.

나는 교사로서 매일의 일과를 사랑한다. 나는 '가르치는 일의 기쁨'이라는 책을 썼다. 남을 가르치는 것은 나에게 있어서 언제나 예술이며 직업 이상의 것이었다. 그것은 정열이다. 화가가 그림 그리는 것을 사랑하고, 가수가 노래 부르는 것을 사랑하듯, 나는 가르치는 일을 사랑하고 있다. 아침에 일어나면 나는 언제나 넘치는 기쁨을 갖고 학생들에 관한 것을 생각한다. 인생에 있어서 성공의 큰 원인은 정열이라고 믿고 있다.

- 나는 흥미 있는 책을 읽음으로써 마음의 번민을 쫓아낼 수 있다는 것을 알았다. 나는 59세 때, 만성 신경쇠약에 걸렸다. 이 병을 앓는 동안 나는 데이비드 알렉 월슨의 명저 '칼라일전'을 읽었다. 그것은 나를 회복시키는 데 큰 역할을 했다. 나는 독서에 정신을 빼앗기고 병에 대한 번민을 잊은 것이다.
- 그리고 몸이 으스스 춥고 아프면, 그럴 때는 5세트나 6세트가량 테니스를 치고, 점심 후에는 매일 18홀의 골프를 쳤다. 금요일 밤에는

밤 1시경까지 춤을 추었다. 나는 많은 땀을 흘리는 데에 찬성한다. 많은 땀을 흘리는 것을 실행하면 번민이나 근심도 사라지는 것이다.

• 나는 서두르고 당황한다거나 긴장한 상태에서 일하는 어리석음을 피하는 것을 배운 것이다. 나는 언제나 윌버 클로스의 철학을 응용하는 것을 마음에 두고 있었다. 그가 코네티커스의 지사였을 때 나에게 말했다.

"나는 해야 하는 일들이 동시에 밀어닥치면 의자에 태평히 앉아서 한 시간 동안 파이프를 입에 물고 아무 일도 하지 않는다."

• 나는 또 인내하는 시간이 우리의 번민을 해결해 준다는 것을 알았다. 무언가 번민하고 있을 때는 나는 시야에 들어온 것을 관찰하고 이렇게 자신에게 이야기한다.

"두 달만 지나면 이 번민도 해결될 것이다. 그렇다면 왜 지금 그것을 고민하는가. 2개월 후에 가질 태도를 지금 취한다고 나쁠 것은 없지 않은가."

이상을 요약하면 헬프스 교수가 번민을 극복한 방법은 다음의 다섯 가지이다.

• 환희의 열정을 가지고 생활한다.
"나는 그날그날을 인생의 최초의 하루인 것처럼 생활했다."
• 흥미 있는 책을 읽는다.

"만성 신경쇠약증에 걸렸을 때 '칼라일전'을 읽음으로써 고민을 잊을 수 있다."

● 운동한다.

"몸이 으스스 춥고 괴로울 때 종일 신체적 일을 하려고 노력했다."

● 일할 때도 여유를 가져라.

　"서두르고 당황하고 긴장 상태에서 일한다는 어리석음을 깨달았다."

● 넓은 시야에서 번민을 관찰한다.

"두 달만 지나면 번민도 해결되겠고, 그렇다면 왜 지금 그것을 고민하는가. 2개월 후에 가질 태도를 지금 취한다고 나쁠 것은 없지 않은가."

운동하면 번민이 사라진다

변호사, 전 올림픽 권투선수권 보유자, 육군 대령 에디 이건

나는 무슨 일이든지 조바심을 내고, 머릿속이 이집트에서 물레 방아를 돌리는 낙타처럼 빙글빙글 도는 것 같고, 전신이 녹신녹신 피로해지는데 한탄과 괴로움을 쫓아내려 하고 있다.

걸음을 걸어도 좋다. 먼 곳으로 등산을 가는 것도 좋다. 또한 체 육관에 가서 샌드백을 두드리는 것도 좋다. 테니스도 좋다. 왜냐하 면 운동이 나의 정신적 번민을 쫓아 버리는 것이다. 나는 주말이면 운동을 한다. 골프장을 찾아가든가, 테니스를 하든가 한다. 육체를 피로하게 함으로써, 내 마음은 법률문제에서 휴식을 얻게 되는 것 이다. 그리고 다시 법률문제를 다룰 때는 새로운 열과 힘을 얻게 되는 것이다.

뉴욕에서 일하고 있을 때도, 나는 가끔 예일 클럽 체육관에서 한

시간가량 보낼 때가 있었다. 테니스를 하든가, 스키를 타든가 할 때는 누구도 번민 같은 것은 하지 않는다. 바쁠 때는 그런 것은 없는 것이다. 커다란 정신적 번민의 산도, 갑자기 작은 두더지가 되어 새로운 생각과 행동이 즉시 쉽게 되는 것이다.

번민에 대해서 가장 좋은 해독제는 운동이다. 번민이 있을 때는 될 수 있는 대로 두뇌를 사용하지 말고 근육을 사용하는 것이다. 그렇게 하면 그 효과에 놀랄 것이 틀림없다. 나에게 있어서는 언제나 그렇게 하고 있다. 운동을 시작하면 번민은 제일 먼저 달아나버린다.

번민의 악습관

공장 관리인, 짐 버드솔

17년 전, 내가 블랙버그의 육군사관학교 재학 중, 나는 버지니아 공업 출신으로 번민이 많은 자로 알려져 있었다. 나는 실로 대단한 번민을 하고 있었으므로 자주 병에 걸리고, 그것이 겹쳐서 학교 부속 요양소에서 내 전용의 병상이 마련되어 있었다.

간호사는 내 모습을 보면 즉시 곁으로 와서 나에게 주사를 놓아주었다. 나는 모든 것에 번민했다. 때때로 내가 무엇을 번민하고 있는지조차 모를 정도였다. 나는 성적 불량으로 퇴학을 받지 않을까 걱정했다. 나는 문장 쓰기를 비롯한 다른 과목의 시험에서 떨어졌다.

나는 평균 순위를 유지하지 않으면 안 된다는 것을 알고 있다. 나는 나의 건강에 신경이 쓰여 심한 통증을 일으키고 있는 소화불량에 번민하고, 불면증에 걸려 번민했다. 또 경제 문제에서도 번민했다. 나는 때때로 연인에게 캔디밖에 사주지 못했고, 춤을 추러 함께 가지도 못했다. 그래서 그녀가 누군가 다른 후보생과 결혼하면 어쩌나 하고 걱정했다. 나는 여러 가지 문제에 번민하고 괴로워한 것이다.

나는 절망한 나머지, 나의 번민을 듀그 배야드 교수에게 모두 이야기했다. 교수와의 15분간의 면담은, 나의 대학 생활 4년간을 능가하는 건강과 행복을 나에게 부여해 준 것이었다.

교수는 말했다.

"짐! 자네는 침착하게 사실을 올바르게 직시해야 하네, 자네가 쓸데없이 번민하고 있는 시간의 반이라도 문제 해결에 열중한다면 번민은 없어지는 것이네. 번민은 자네가 자기 자신에게 주고 있는 일종의 나쁜 습관에서 오는 거야."

그리고 그는 번민의 악습관을 타개하는 세 가지 법칙을 알려 주었다.

- 법칙 1 자기가 번민하고 있는 문제가 무엇인가, 그것을 확실하게 찾아낼 것.
- 법칙 2 문제의 원인을 찾아낼 것.

• 법칙 3 문제 해결에 있어서 바르고 건설적인 노력을 할 것.

그 상담 후, 나는 조금 건설적인 계획을 세웠다. 우선 문장에 낙제점을 받은 것을 고민하기보다도, 왜 실패하였는가를 자신에게 물어보았다. 그것은 내가 우둔해서가 아니었다. 나는 버지니아 공업학교 재학 중, 학교 신문의 주필을 지낸 적도 있었다.

내가 문장에 실패한 것은, 문장에 흥미를 느끼고 있지 않았기 때문이다. 나는 장래 공업기사로서 출세할 생각이었으므로 문장에 힘을 쓰지 않았다.

그제야 태도를 바꾸었다. 그리고 나 자신에게 말했다.

"만일 대학 당국자가 학위를 받으려면 문장 시험에 합격해야 한다고 요구한다면 나는 그 시비를 운운할 자격도 없지 않은가?"

그래서 나는 문장 시험을 다시 볼 절차를 마쳤다. 그리고 나는 이번에는 통과한 것이다. 문장은 어려운 것이라는 두려움을 떨쳐버리고 똑바로 인식하고 공부한 것이었다.

나는 또 몇 가지 아르바이트를 함으로써 경제적인 것을 해결했다. 대학 축제가 개최되는 동안 폰스주를 팔았다. 부친으로부터 돈을 얻는 데도 성공했다. 그 돈을 졸업한 후에 반납했지만 말이다.

그리고 또, 더구나 다른 후보생과 결혼하면 어떡하나 걱정하던 여성에게는 내가 청혼을 해서 그 연애 문제도 해결되었다. 그 여성이 바로 현재의 아내인 것이다.

지금 그때의 일을 돌이켜보면 나의 번민은 그 원인을 캐내는 것을 잊고, 사실을 회피하는 데서 생긴 심리적 혼란에서 오는 것임을 알 수 있다.

깊고 깊은 밑바닥에 떨어졌어도

내셔널 에나멜링 앤드 스탬핑 회사, 테드 엘릭션

나는 그전에 이야기도 할 수 없는 겁쟁이에 불과했는데 지금은 그렇지가 않다.

오래전, 나는 한 경험을 했다. 그것이 나의 번민을 완전하게 쫓아내준 것이다. 그 경험에 비추어 보면, 그런 번민 같은 것은 문제도 되지 않을 것같이 생각되었다.

나는 아주 오래전, 알래스카에 가는 어선에서 한여름을 보내고 싶다고 생각하고 있었는데, 마침 알래스카의 고디악 항구로 가는 3피트의 포경선과 계약을 했다. 이런 작은 배에는 승무원이 3명뿐이었다. 배를 지휘하는 선장, 그를 보조하는 조수, 잡무를 맡은 선원, 이 마지막 사람은 대개 스칸디나비아인이 보통인데, 나는 스칸디나비아인이다.

나는 하루 24시간을 계속 일을 할 때도 있었다. 그것이 어느 때는 1주일도 계속될 때도 있고, 거기에 다른 사람이 하지 않는 일이 모두 나에게 맡겨졌다.

배를 청소하는 것부터, 어구를 챙기고, 모터의 기름 냄새와 열기로 울렁거리는 작은 선실과 작은 스토브에 나무토막을 때서 식단을 차리고, 그릇을 닦고, 또 배를 수선하기도 했다.

잡은 연어를 배에서 운반선에 옮겨 싣는 것도 나의 몫이었다. 운반선은 그것을 육지의 공장으로 가져가는 것이다. 나는 고무장화를 신고 있었으나 언제나 신발 안에는 물이 가득했다. 그것을 쏟을 사이도 없었다.

그러나 이러한 일도, 코르크선이라 불리는 것을 끌어올리는 일에 비하면 훨씬 쉬웠다. 이 작업은 배 뒤편에 서서 그들의 코르크를 끌어올리는 일인데, 실제로는 그물의 무게로 끌어당겨도 꼼짝도 하지 않는다. 그러기 때문에 내가 그들을 끌어올리는 것이 아니고, 내가 보트로 그물 쪽으로 가서 그것을 있는 힘을 다해서 보트에 올려놓는 것이므로 뼈가 부러지는 것 같았다.

나는 이 일을 몇 주 동안 계속했기 때문에 몸이 솜처럼 늘어졌다. 그리고 전신을 가누지 못할 만큼 아팠다. 그것은 수개월 후에도 낫지를 않았다.

그래서 잠깐 쉬는 틈이 생기면 나는 낡은 매트리스에서 눈을 붙였다. 나는 등에서 제일 통증이 심한 부분을 밑으로 하고 매트리스의 딱딱한 곳에 대고, 독약을 먹은 사람처럼 하고 잤다. 나는 피로라는 독약을 먹은 것이다.

나는 이러한 고통과 중노동에서 인내하는 것을 지금도 즐기고 있다. 그것은 나에게서 번민을 쫓아주었기 때문이다. 지금은 무언가 예기치 않은 문제로 번민이 생길 것 같으면 나는 자신에게 물어본다.

"엘릭션, 이것과 코르크 인양 작업과 어느 것이 더 어려운가?"

그러면 엘릭션은 틀림없이 이렇게 대답할 것이다.

"아니야, 그것과는 비교할 수가 없어!"

나는 원기를 회복하고 문제를 찾아 모을 것이다. 나는 때때로 반사(半死), 반생(半生) 지경에 이르러 본다면 약이 된다고 생각한다. 깊고 깊은 밑바닥에 떨어졌어도 그것을 끌어올리는 것이다. 그렇게 하면 일상생활에서 일어나는 문제 같은 건 아무것도 아닌 것으로 생각하게 되는 것이다.

나는 세계 제일의 병자였다

데일 카네기 회사 전무, 파시 H. 호팅

나는 세상의 누구보다 여러 가지 이상한 병으로 죽음에 이르러 있었다. 그러나 나는 우울증 환자는 아니었다. 나의 아버지는 약방을 경영하고 있었는데, 거기서 자랐다고 해도 과언이 아니다.

나는 매일 의사와 간호사의 이야기를 듣고 있었으므로 보통 사람 이상으로 약에 관한 일이나, 여러 가지 병에 대한 지식을 갖고 있었다.

나는 흔히 있는 우울증이 아니었다. 특징을 가지고 있었다. 나는 어느 병에 있어서 한두 시간을 번민하고 있으면, 정말 환자와 같은 증상이 나타나는 것이다.

나는 생각해 보지만, 내가 사는 매사추세츠주 그래드 배링턴에서 악성 디프테리아가 유행하던 때가 있었다. 나는 매일 그 병에 걸린 가정에서 오는 사람들에게 약을 팔고 있었다.

그러자 내가 염려하고 있던 일이 일어났다. 나 자신이 디프테리아에 걸린 것이 아닌가 그렇게 생각하게 되었다. 나는 자리에 누웠다. 디프테리아의 증상이 이것저것 나타났다. 그래서 의사를 불러와 진찰했다. 의사가 진찰하더니 "틀림없는 디프테리아요." 하고 말했다.

그것을 듣고 나는 안심했다. 나는 어떤 병이라도 걸렸다고 해도 별로 무섭지가 않았다. 나는 깊이 잠이 들었다. 다음 날 아침 나는 완전히 건강체로 되돌아왔다.

어느 해인가 나는 이러이러한 병에 걸려서 주위의 동정과 평판을 모았다.

파상풍이라든가 공수병으로 구사일생의 고비를 치른 때도 여러 번 있었다. 후에는 좀 더 나빠져서 장기간의 병에 걸리기도 했다. 그것은 암과 결핵이었다.

나는 지금은 그것을 웃고 있으나, 그 당시에는 정말 비참한 기분이었다. 나는 몇 년간을 생사의 고비를 헤매게 된 것으로 정말 믿었다.

봄이 되어서 새 옷을 살 때는, 언제나 나에게 물었다.

"이 옷을 입고 있을 동안까지 살아 있을지도 모르는데, 쓸데없는 짓이 아니냐?"

그러나 오늘까지 10년간 나는 죽음에 이른 적이 없다.

어떻게 해서 죽음을 이겨낼 것일까?

나는 그러한 바보 같은 공상을 웃어넘길 수 없는 묘안을 생각해 낸 것이다.

그것은 앞서 예를 든 것과 같이, 징조가 나타나는 것 같으면 나는 자신에게 이렇게 말하는 것이다.

"어이, 호팅! 자네는 20년간 병이란 갖은 병으로 죽음에 처해 있지 않았는가, 하지만 자네는 피둥피둥하네. 최근에 새로운 보험에 가입하지 않았는가. 이제는 방관자의 처지에서 자네라는 고민 덩어리의 바보를 웃어 주는 것이 어떤가?"

나는 드디어 한편으로는 번민하고, 한편으로는 그것을 웃어 준다는 것은 불가능하다고 깨달았다. 그 이후 나는 웃는 쪽을 전문으로 하고 있었다.

어떤 일을 끝까지 깊이, 생각을 지나치게 하는 것은 옳지 않다. 시시한 번민은 웃어서 털어 버리는 것이다. 웃음으로 번민을 쫓아내는 것은 결코 불가능한 것이 아니다.

나는 밑바닥에 떨어졌으나 그것을 이겨냈다

소설가, 호머 그로이

나의 인생에서 제일 당황한 순간은 치안관이 바깥 현관에서 안으로 들어올 때 내가 창문으로 빠져나가던 어느 날이었다.

나는 롱 아일랜드의 프리스트 힐에 있는 내 집을 잃었다. 나의 아이들이 태어나서, 나와 가족들이 18년간 살아온 집을 잃었고, 나는 이런 일이 일어날 줄은 꿈에도 생각지 못했다.

12년 전에는, 이 세상에 나와 같이 조숙한 경우는 없을 것으로 생각하고 있었다. 나의 소설'급수탑의 서쪽'이 영화화되어, 나는 할리우드에서 최고의 금액을 받은 것이다. 그래서 나는 가족과 함께 2년간 외국에서 살았다. 여름은 스위스에서, 겨울은 프랑스 리베라에서 여유 있는 생활을 한 것이다.

나는 파리에서 6개월 동안 있으면서 '그들은 파리를 보지 않을 수 없었다'라는 소설을 썼는데, 윌 로저스가 그 영화의 주역을 권했다. 이것은 그의 최초의 유성영화였다. 그런가 하면 나는 할리우드에 머물면서 윌 로저스를 위해서 영화 각본을 4~5편 써 주지 않겠느냐는 말을 들었지만, 그것을 거절하고 뉴욕으로 돌아왔다. 그 때부터 번민은 시작된 것이다.

나는 내가 지금까지 발휘하지 못한 숨겨진 재능이 있으리라는 기분이 들었다. 나는 자신을 민완한 사업가로 자처하게까지 된 것이다. 나는 어느 사람으로부터 아스타가 뉴욕에서 토지를 사들여서 부자가 되었다는 이야기를 들었다.

'아스타라는 자는 도대체 어떤 자냐! 이야기할 필요로 없이 이민 행상인이 아니냐. 그자가 그것을 할 수 있다면, 나도 할 수 있다. 부자가 되자!'

나는 부자가 되기도 전에 요트의 잡지를 읽어 갔다.

나에게는 무지에서 오는 용기가 있었다. 나는 에스키모 사람들이 석유 난로에 무식한 것처럼, 부동산 매매에서는 어떤 것 하나도 알지를 못했다. 그리고 실업가로서 필요한 지금을 어떻게 해서 마련했는가 하면, 그것은 실로 간단했다.

나는 집을 저당 잡히고, 그 돈으로 프리스트 힐의 건설 택지를 매입한 것이다. 나는 이 택지를 법정가격 이상으로 오를 때까지 가지고 있다가 드디어 폭등하면 그것을 팔아서 사치스러운 생활을 하겠다는 생각이었다. 인형의 손수건만 한 부동산도 때때로 보지 않은 주제에.

나는 참새 눈물만큼의 급료를 받고 사무실에서 일하고 있는 사람들이 어딘가 서글프게 생각되었다. 그러나 돌연 불경기가 캔사스에서 선풍처럼 내습하여, 나는 폭풍이 닭장을 쓸고 갈 때처럼 동요되었다.

나는 대지의 커다란 입에, 매월 2백 20달러씩이나 집어넣지 않으면 안 되었다. 한 달 한 달 너무도 빠르게 다가오고 있었다. 그 와중에도 나는 저당 잡힌 집에 대한 이자를 지급하지 않을 수 없었고 생활비도 필요했다. 나는 잡지에 유머를 쓰려고 했으나 그것은 물론 한 편도 팔리지 않았다. 돈을 만들어 쓸 수 있는 것이라고는 타이프라이터뿐이었다.

우유도 배달해 주지 않았다. 가스 회사에서는 가스를 중지시켰다. 석탄도 떨어졌다. 석탄 회사는 지불 청구 소송을 제기했다. 유일한 열은 스토브였다. 나는 밤중에 나가서 집 짓는 공사장에서 판자나 나무토막을 주워 불을 땠다.

나는 번민을 계속하고 밤잠을 이루지 못했다. 나는 자주 밤중에 일어나서 2~3시간씩 거닐었다.

나는 택지를 잃어버리는 것도 이젠 대단치 않았다.

은행은 저당권을 행사하여 우리 가족들을 쫓아냈다. 나는 겨우 손에 남은 적은 돈으로 아파트에 세를 들었다. 몇 년이 지난 후, 우

224

리는 어느 날 그곳으로 가보았다. 나는 포장 상자에 걸터앉아서 주위를 돌아봤다. 어머니가 자주 입에 올리던 옛말을 생각해냈다.

"떨어뜨린 캐러멜도 줍기를 망설이지 말라."

그러나 이것은 캐러멜도 아니다. 그것은 나의 경우에는 선혈이다.

나는 정신을 가다듬고 나에게 말했다.

"나는 밑바닥에 떨어졌으나 어쨌든 그것을 이겨냈다. 이제부터는 위를 향하여 가는 것이다."

나는 집을 잃고 말았으나, 아직 이것저것 여러 가지 남아 있는 것에 정신이 들었다.

"건강이 있고, 친구도 있고, 다시 한번 시작하자! 과거를 후회하는 것은 잘못이다. 어머니가 자주 말하던 옛말을 매일 생각하기로 하자!"

나는 번민으로 소비하던 에너지를 일하는 데로 몰아넣었다. 조금씩 나의 상태는 개선되어 갔다. 지금은 그 비참한 경험을 감사하고 싶은 기분이기도 하다. 그것으로 힘과 인내와 자신을 얻게 되었기 때문이다.

나는 지금, 밑바닥에 떨어진 의리를 알고 있다. 그것은 사람을 죽이지 않는가. 인간은 존재하는 이 외에 인내하고 있다.

지금 복잡한 번민과 불안과 염려가 나의 마음을 어지럽게 할 때는 나는 언제나 포장 상자에 허리를 펴고 앉아서, 나에게 말하던 것을 생각해내고, 번민을 쫓아내고 있다.

"나는 밑바닥에 떨어졌으나, 그것을 이겨냈다. 이제부터는 위를 향해 가는 것이다."

불가피한 것은 받아들여야 한다. 그 이상 떨어지지 않게 위를 향하며 가도록 노력해야 한다.

PART 6

성공의 지름길

나는 나의 일을 사랑한다.
오늘도 100% 힘차게 일에 임할 것이다.

곧바로 다음 목표를 세워라

닉 알렉산더의 가장 큰 소망은 대학 교육을 받고 싶은 것이다.

그는 보육원에서 자랐다. 그 당시의 보육원 실정은 말이 아니었다. 새벽 5시면 눈을 비비며 일어나서 해가 질 때까지 심한 중노동을 하여야 했고 식사는 형편없이 맛없는 것이나마 배불리 먹을 수가 없었다.

이런 환경 아래서도 닉은 총명한 소년이었으므로 열네 살 때는 이미 고등학교 졸업 자격증을 딸 수 있었다. 그 후 그는 자기 스스로 생활을 하기 위하여 곧 사회에 발을 들여놓았다.

그에게 맨 처음 얻어걸린 직업이란 어느 조그만 양복점에 재봉공이었다. 심하게 혹사만 당할 뿐 보수는 형편없는 일자리였다.

이렇듯 어려운 환경에도 굽히지 않고 닉은 무려 14년 동안이나 일을 계속하였다.

그러던 중 그 가게는 다른 가게와 합쳐지게 되었다.

덕분에 닉의 보수는 많아지고 근무 시간도 단축되었다. 닉에게 행운은 겹쳐 그는 좋은 신붓감을 골라 아내로 맞아들이게 되었다.

◆ ◆ ◆

그녀는 대학 교육을 받고 싶어 하는 남편의 꿈을 실현하는 데 협력을 아끼지 않았다. 그러나 그들 부부의 형편으로 그것이 그렇게 쉬운 문제는 아니었다.

두 사람이 결혼한 지 얼마 안 되었을 때의 일이다. 그 당시까지의 일에서 일단 손을 떼게 된 알렉산더 부부는 그때부터 다른 길을 모색하여 한밑천 잡아 보려는 계획을 세웠다.

알렉산더 부부는 재산이라는 재산은 모조리 긁어모아서 '알렉산더 부동산 상사'를 창립하였다. 아내인 데레사는 자금을 충당하기 위하여 자신의 손가락에 끼고 있던 약혼반지까지 팔아야 할 정도로 그들 부부는 가난했다.

다행히도 그들의 사업은 순조롭게 잘되어 나갔다. 그로부터 2년 후에 아내는 남편에게 대학 교육을 받기 위해 다시 학교에 나가라고 제안했다.

이리하여 닉은 36세에 이르러 겨우 학위를 받을 수 있었다. 이로써 그의 첫 번째 목표는 일단 달성된 것이다.

학교를 졸업한 닉은 다시 사업에 전념하여 부동산 매매업에 더욱 심혈을 기울였다. 아내도 사업상의 반려자로서 열심히 닉을 도운 것은 두말할 나위도 없다.

그들 부부는 이번에는 바닷가에 두 사람만의 보금자리를 마련하자는 계획을 세웠다. 일단 계획을 세운 닉 부부는 꾸준히 일을 추진해 나갔다. 이윽고 그 목표는 달성되었다. 그럼 그들은 그 정도에서 만족해 버린 것일까? 천만의 말씀이다. 그들에게는 딸을 교육해야 한다는 과제가 있었다.

알렉산더 부부는 딸의 교육비를 어떻게 충당하려고 했을까? 그들은 저당 잡혀 있는 자기네 사무소의 빚을 대신 갚아주고 그 건물을 인수해서 그것을 아파트로 개조하였고 거기에서 나오는 고정적인 수입으로 딸의 교육비에 충당할 계획을 세웠다.

두 사람은 이번의 목표도 달성했다.

알렉산더 부인이 말한 바에 의하면, 그들은 지금 노후의 생계에 대비하여 완불된 연금보험을 목표로 일해 간다고 한다. 최근에는 닉 혼자서 사업에 종사하고 데레사는 주로 가사를 돌본다고 한다.

알렉산더 부부는 이렇듯 하나하나의 목표를 설정하여 그것을 실행하려고 끈질기게 노력한 결과 인생을 성공으로 이끈 것이다.

그들 부부야말로 버나드 쇼의 다음과 같은 말의 진실성을 몸소 실증해 보인 것이다.

"나는 성공을 두려워한다. 부귀공명을 이룩했다는 것은 이 땅 위에서는 자기의 할 일이 없어졌다는 뜻이 된다. 그것은 마치 교미가 끝난 후 암거미에게 물려서 죽고 마는 수거미와 같은 것이다. 나는 목표를 이루고 난 후보다는 항상 목표를 앞에다 두는 미완의 상태를 좋아한다."

너무 많은 사람이 뚜렷한 목표를 갖지 못한 탓으로 엉거주춤한 자세로 방황하고 있는 것이 오늘의 실정이다. 그들은 단순히 제일 차원의 세계 외에서는 알 수 없는 하루살이 인생이다.

인생에서 최대의 것을 잡는 사람, 기민하고 활동적인 사람, 온갖 기회에 대비하여서 결코 기회를 놓치는 일이 없는 사람 - 이런 사람들은 일정한 전망 내지는 뚜렷한 목표를 가지고 있는 사람들이다.

장기간에 걸친 계획을 수립할 때는 5년을 하나의 구획으로 정해서 설계하는 것이 좋다.

무슨 일이든 한 가지 목적을 이루었으면 곧 새로운 목표를 설정하여 꾸준히 매진할 일이다. 이것이 바로 우리 인생을 성공의 길로 이끄는 지름길인 동시에 성공의 요체(要諦)인 것이다.

최초의 목표를 달성했으면 조금도 지체하지 말고
곧 다음 목표를 세우도록 해야 한다.

232

자신을 격려하라

뉴욕 중앙 철도회사의 사장이던 프레더릭 윌리엄슨은 어느 방송 인터뷰에서, '사업에 성공하는 비결이 무엇이냐'는 질문을 받고 다음과 같이 대답한 적이 있었다.

◆ ◆ ◆

사람들이 잘 깨닫지 못한 성공의 비결이 있습니다. 인생의 경험을 쌓으면 쌓을수록 사업에 대하여 열정을 다 바친다는 태도가 그것입니다.

나는 그렇게 확신하고 있습니다. 성공한 사람과 실패한 사람의 사이에 개인적인 재질이나 능력, 또는 지식의 차이라는 것은 대체로 그리 현저한 것은 아닙니다.

그러나 두 사람이 거의 맞먹을 만큼 엇비슷한 실력을 갖추고 있다면 열심히 일하는 쪽이 성공할 확률이 높은 것은 두말할 나위도 없습니다.

또한 열심히 하기만 하면 자기보다 능력은 뛰어나지만, 열심의 정도가 부족한 사람을 능가할 가능성도 큽니다.

땅을 파는 일이든 큰 회사를 경영하는 일이든 일에 열중한다는 것은 자기의 천직을 믿고 그것을 사랑함과 같습니다. 그것이 아무리 어려운 일이더라도 일에 열중하는 사람은 함부로 덤비거나 초조해하지 않고 언제나 침착한 태도로 일에 임할 수 있기 마련입니다. 누구나가 그런 태도를 보일 수만 있다면 그런 사람은 틀림없이 성공할 수 있을 것입니다.

"아무리 위대한 일이라도 열심히 하지 않고 성공한 예는 일찍이 없었다."

이 말을 새삼스럽게 되새겨 볼 필요가 있습니다.

아닌 게 아니라 이것은 단순한 언어의 수식만은 아닙니다. 그야말로 성공에의 이정표라고 할 만한 것입니다.

걸작을 창조하는 예술가이든, 비누 판매원이든, 도서 외판원이든, 행복한 가정을 영위하려는 사람이든 간에 일에 열중한다는 것이야말로 사업에 성공한 모든 사람이 공통으로 지니는 특성이다.

'열중'이라는 말은 '하나의 영감을 받았다'라는 뜻이다.

바로 이 열중이라는 태도로 일하는 사람은 그 누구도 억제할 수 없는 막강한 힘을 갖게 된다.

예일 대학에서 가장 크게 인기를 끌던 윌리엄 라이언 펠프스 교수는 '교육의 감격'이라는 저서를 낸 바 있다. 그는 이 책에서 다음과 같이 서술하였다.

"나에게 있어서 학생을 가르친다는 것은 기술이나 직업 이상의 의미가 있습니다. 그것은 이를테면 열정과 같은 것이지요."

펠프스 교수의 지론을 깊이 새겨 둘 가치가 있다.

"화가가 그림 그리는 일을 사랑하듯이, 가수가 노래 부르기를 사랑하듯이, 또 시인이 시를 짓는 데에 기쁨을 느끼듯이, 나는 가르치는 일을 사랑하고 있습니다. 나는 아침에 일어나기 전, 우선 지극한 기쁨으로 나의 학생들을 생각합니다. 인생에 성공하기 위한 가장 중요한 것은 자기의 일에 언제까지라도 열중할 수 있는 능력을 갖추고 있다는 그 점입니다."

자동차 왕인 윌터 P. 크라이슬러는 다음과 같이 말한다.

"나는 활기에 찬 사람을 좋아합니다. 그들이 활기에 넘쳐 있으면 손님도 그 열정에 끌려들어서 흥정도 쉽게 성립되기 마련이지요."

또 10센트 연쇄점의 창립자인 찰스 샘너 월워즈는 이렇게 말하였다.

"일에 열중하지 않는 한 무슨 일에든 성공할 수도 없는 법입니다."

찰스 슈와브는 그 말을 뒤집어서 이렇게 말하였다.

"얼마든지 일에 열중할 수 있는 사람은 어떤 일이든지 성공하기 마련입니다.”

고도의 기술을 요구하는 직업에 있어서조차 일에 열중한다는 사
실은 지극히 중요한 일이라고 할 수 있다.

성공의 요인 중 가장 큰 것은
열의를 가져야 한다는 사실임을 이해해야 할 것이다.

일에 열중할 수 있는 여섯 가지 방법

나는 다음의 여섯 가지 규칙이 대단히 효과적이라고 확신한다. 이 여섯 가지 규칙을 적용해서 성공한 실례를 여러 번 보아서 잘 알고 있기 때문이다.

당신도 그것을 시도해 보라고 권하고 싶다. 상대가 누구이든 그 사람이 일에 열중하는 방법이다.

그럼 하나하나 그 규칙을 설명해 보기로 하자.

① 당신이 담당한 일과 그 일이 회사 전체에 관한 모든 것이 되도록 많이 배우도록 하라

대개의 사람은 자기는 거대하고 차가운 기계의 한낱 톱니바퀴에 지나지 않는다고 생각하고 있다. 그것은 자기가 담당하고 있는 일의 의의를 모르고 있기 때문이다. 또 자기가 매일 하는 일의 배

후에 관한 것을 배우려 하지 않는 데서 비롯된 현상이기도 하다.

옛날에 두 사람이 같이 일을 하고 있었다.

"자네들은 무엇을 하고 있나?"

이런 질문을 받았을 때 두 사람은 각각 다른 대답을 하였다.

한 사람이 대답했다.

"저는 벽돌을 쌓고 있습니다."

다른 한 사람은 다르게 대답했다.

"저는 대전당(大殿堂)을 짓고 있습니다."

일이나 제품에 대하여 잘 안다는 사실은 그 일에 열중하도록 하는 기본적인 조건이 된다. 저널리스트로서 유명했던 아이다 M. 터벨은 일찍이 고작 5백 마디의 가사를 쓰기 위한 자료를 모으기 위해서 무려 3~4주일을 소비했다고 한다.

더구나 그가 실제로 활용한 것은 그 방대한 자료 가운데서 극히 사소한 일부분에 지나지 않았다고 한다. 그의 설명에 의하면, 그때 이렇듯 사용하지 않았던 지식은 그녀에게 여력을 저장케 하였고 당장 쓰는 데 필요한 지식을 가지고 있다는 의식은 그녀가 학식과 권위로써 안심하고 집필케 하는 데 아주 효과적이었다고 한다.

벤저민 프랭클린도 어린 시절에 어느 조그마한 비누공장의 공원으로 있을 때 이러한 방법을 썼다. 그는 공정 전체를 낱낱이 외워버림으로써 최후의 성과에 대한 자기의 미미한 공헌에 관해서도 어떤 자부심을 지닐 수 있었다고 했다.

공장주는 자기 공장의 제품에 관한 제조 공장을 세일즈맨들에게 상세히 가르쳐 줌으로써 그들을 훈련한다. 이 지식은 세일즈맨이 단골 거래처에, 그 제품을 판매할 때에도 아주 효과적으로 활용되는 것이다. 그뿐만 아니라 제품에 대한 완전한 지식은 특히 이런 사람과는 틀림없이 거래되리라고 믿어지는 예상 고객과 상담을 하면 세일즈에 관하여 상세하게 알면 알수록 더욱더 열심히 일에 일할 수 있게 된다.

② 목표를 정하고 그것을 추구하라

성공하기를 희망하거든 우선 목표를 설정한 다음 정확하게 겨냥을 해야 한다.

우선, '무엇을 목표로 해서 무슨 일을 할 것인가.' 하는 점을 일단 정리한 다음 사나운 개가 고양이를 쫓듯이 그 목표를 추구하는 것이다.

자기가 뜻하는 바를 자각한 사람은 좌절이나 실패 때문에 낙망하는 법이 없었다.

앞에서 말한 벤저민 프랭클린은 다음과 같이 서술한 바가 있다.

"성공을 원하거든 자기 직업을 명백히 정하고 그것을 어디까지나 추구해야 한다."

막연하고 실현될 가능성도 없는 승리를 부질없이 꿈꾸지 말고 뚜렷한 특정의 목표를 포착해야 한다.

③ 날마다 자기 자신에게 격려의 말을 해보라

'이런 어린아이 같은 소리가 어디 있느냐.'고 고개를 갸웃거릴 독자가 있을지 모르지만 성공한 사람들은 이 방법이 일에 열중하기 위하여 아주 좋은 효과를 거둔다는 점을 인정하고 있다.

뉴스 해설자인 H. V. 칼텐본의 예를 들어보자.

그가 아직 젊었을 때, 그때만 해도 그는 이름도 알려지지 않은 몸으로 프랑스에서 세일즈맨 노릇을 하고 있었다. 그는 날마다 가정 방문을 나서기 전, 반드시 자기 자신에게 잔소리했다고 한다.

또 위대한 마술사였던 하워드 서스튼은 '나는 구경꾼을 좋아한다.' 하고 혼자서 지껄이면서 분장실을 거닐기 일쑤였다. 몸의 피가 더워질 때까지 몇백 번이고 이렇게 되풀이하여 지껄이고 무대에 나선 그는 언제나 훌륭한 공연을 했다고 한다.

대부분 사람은 인생을 가면 상태로 지내고 있다. 이 가면 상태에서 깨어나기 위하여 매일 아침 자기 자신에게 다음과 같이 타이르는 것을 왜 이상하게 여기는 것일까?

"나는 나의 일을 사랑한다. 나는 내가 지닌 온갖 것을 일에 기울이려 한다. 나는 내가 힘껏 노력을 기울여 살고 있는 데 대해서 무한히 감사하게 여긴다. 오늘도 100% 힘차게 일에 임할 것이다."

④ 남을 돌보려는 생각을 길들이도록 하라

일찍이 앨리스 트테레스는 '이기주의의 진화'라는 것을 제창한 바 있는데 이것은 성공을 바라는 사람들을 위해서 좋은 충고가 될 것이다.

한쪽 눈은 괘종시계의 바늘에, 또 한쪽 눈은 자기 월급봉투에만 돌리고 있는 소극적이며 게으름뱅이고, 무엇을 해도 성공하지 못하는 샐러리맨이 있다.

그런 사람과는 반대로 남을 돌볼 줄 안다는 것은 일에 열중하게 되는 결과도 된다. 그 증거가 있다. 하찮은 봉급에서 떼어서 사외 봉사나 절약사업에 종사하는 훌륭한 사람들은 그러한 기회가 도래하면 그 밖의 봉사 활동이 아닌 일에서 많은 돈을 벌게도 되는 것이다.

자기 본위의 생각은 일시적으로는 잘되어 가는 것 같지만 긴 안목으로 보면 스스로 패하고 마는 결과가 될 것이다.

내 쪽에서 걸려 넘어지도록 발을 앞으로 내밀고 있는 사람이 주위에 많은 것보다는 우리에게 구원의 손길을 뻗치고 있는 사람들을 주위에 갖는다는 것은 그 얼마나 행복한 일이겠는가?

⑤ 일에 열중하는 사람과 사귀되 일에 열중하지 않는 사람은 되도록 피하라

"나에게 가장 필요한 것은 내가 할 수 있는 일을 하도록 용기를 부어 주는 것이다."

이것은 에머슨의 말이다. 다른 말로 하면 이것은 인스피레이션 영감이라고 할 수 있다.

우리는 일하고 있는 환경을 갑자기 바꿀 수는 없다. 그러나 현재

보다도 더 창조적인 생각을 하고 활기찬 삶을 누리도록 격려해 주는 벗을 구할 수는 있을 것이다.

당신이 일에 열중하기를 원하거든 인생 또는 생활이 우리에게 주는 의미에 대해서 상대가 항상 배려하도록 해야 한다. 또한 무슨 일에나 어리둥절해 있지 않고 언제나 활기에 차 있는 사람들의 영향을 받을 수 있도록 항상 세심하게 마음을 써야 한다.

다음에 제시하는 것은 퍼시 H. 화이팅의 저서 '판매의 5대 원칙'에 기술된 충고이다.

"무뚝뚝한 사람, 열심히 일하지 않는 사람, 평상시의 일을 느릿느릿하고 주책없고 빙충맞게 하는 사람을 경계해야 한다."

⑥ 처음에는 억지로라도 열심히 하려고 애쓰면 결국은 정말로 열중하게 되는 법이다

이것은 내 아이디어가 아니다. 내가 아직 태어나기도 전부터 윌리엄 제임스 교수가 하버드 대학에서 강의한 바 있는 철학적 논리이다. 제임스 교수는 다음과 같이 말했다.

"당신이 어떤 감정을 갖고 싶을 때는 당신이 이미 그런 감정이 있는 척하십시오. 그렇게 함으로써 그러한 감정을 실제로 자아내게 하는 것입니다. 행복해지고 싶으면 행복한 척하는 것입니다. 불행해지고 싶거든 불행한 척하라는 것입니다. 일에 열중하고 싶다면 우선 일에 열중한 척하라는 것입니다."

'나는 어떻게 판매 세일즈에 성공했나'의 저자 프랭크 베드거는 누구든지 이 원칙 하나만 적용함으로써 자기의 생활 전체를 개혁할 수 있다고 말했다.

배우자와 상의하라

시카고의 어느 5층 빌딩의 옥상에서 빌 조운조가 투신자살을 기도했다. 그가 자살을 기도하게 된 동기는 신경쇠약과 공포증 때문이었다고 한다.

한때는 그의 사업도 크게 번성하였다고 한다. 그러나 그는 너무 급진적으로 사업을 확장하다가 부도수표를 남발한 탓으로 결국 옴짝달싹 못 하게 되어 채권자들에게 쫓겨 다니는 신세가 되고 말았다.

그러나 그보다 더 불행한 일은, 이와 같은 어려움을 타개하기 위하여 아내에게 모든 사실을 털어놓고 근심 걱정을 나누려 하지 않았다는 점이다. 그의 아내는 남편의 성공을 아주 자랑스럽게 여기고 있었다.

또 그는 자기 사업이 난관에 부닥쳐 있다는 사실을 절대로 아내에게 알리지 않으려고 했다. 만일 모든 것을 아내에게 털어놓는다면 아내는 행복의 절정에서 하루아침에 절망과 낙담의 낭떠러지로 떨어져 버릴 것만 같은 걱정이 앞섰기 때문이다.

막다른 골목에 이르러 도저히 어떻게 수습해 볼 수조차 없게 된 조운즈는 채권자들의 극성에 견딜 수가 없었다. 그는 채권자들에게 자기 소유의 건물 옥상까지 쫓기게 되자 순간적으로 투신자살할 생각을 하기에 이르렀다.

5층에서 뛰어내린 조운즈는 맨 아래층의 창밖으로 튀어나온 난간을 뚫고 길바닥으로 떨어졌다. 상식적으로 생각할 때 5층 높이에서 떨어져서 무사할 사람은 없다. 그러나 그는 기적적으로 엄지손가락 하나만을 다쳤을 뿐 상처 하나 입지 않았다. 공교롭게도 그가 꿰뚫은 난간만은 그의 소유물 가운데서 빚을 지지 않고 구매한 유일한 재산이었다고 한다.

빌 조운즈는 이윽고 의식을 회복하였다. 그는 자기가 어엿하게 살아 있다는 사실을 깨달았다. 그는 순간적으로 이처럼 대단한 기적이 일어났으니 지금까지 겪은 고난쯤은 아무것도 아니라고 생각하게 되었다. 그러나 지금에 와서는 자신이 죽지 않고 살아 있다는 사실 자체만으로도 가슴 벅찬 희열을 느낄 수 있었다.

그는 부랴부랴 집으로 돌아가서 아내에게 모든 사실을 털어놓았다. 그 순간 아내의 충격이 너무나도 컸음은 두말할 여지가 없었다. 그러나 아내가 충격을 받은 원인은 남편이 자살을 기도했다는 사실보다도 그동안 남편이 혼자서 얼마나 애를 태웠을까 하는 데서 오는 것이었다.

그녀는 자세를 고쳐 앉더니 남편을 위로하면서 앞으로 어떻게 이 난관을 극복할 것인가 하는 점에 대하여 신중히 상의하였다.

이렇게 되자 빌 조운즈는 비로소 시야를 넓게 하고 다방면에 걸쳐서 마음 놓고 해결책을 모색할 수 있었다. 따라서 그는 지금까지의 소극적이고 폐쇄적인 사고방식에서 탈피하여 적극적으로 재기할 방법을 연구했다.

그와 같은 결과가 오늘날 빌 조운즈를 건실한 사업가로 만들어 놓았다. 빌 조운즈는 남의 빚 따위는 한 푼도 없는 건실한 사업가로서 두각을 나타내고 있다.

무엇보다도 중요한 점은 그가 사업에 있어서 성공했느냐, 실패했느냐 하는 점보다 모든 일을 아내와(혹은 가까운 동료) 상의했다는 점이다. 그는 자살을 기도한 이후로는 모든 일을 아내와 의논해서 했고 즐거움과 고생을 함께 나누었다.

사업에 실패한 자기를 따뜻한 위로와 동정의 눈길로 보아 줄 리 없다고 믿었다가 인생에 실패할 뻔했던 자기를 따뜻한 위로와 동정의 눈길로 보살펴 준 아내의 실례는 우리에게 여러 가지 교훈을 남겨 준다.

다시 말해서, 남편은 아내를 믿고 아내는 남편을 믿어야 한다는 지극히 평범한 철칙을 일깨워 준다.

애당초 조운즈는 자기 사업에 관한 골칫거리를 아내에게 털어놓는다는 것은 남자의 체면을 깎아내리는 것이라는 그릇된 생각에 사로잡혀 있었다.

그러한 타입의 남자는 맛좋은 음식이나 아름다운 옷 따위를 집으로 들고 가는 것만이 행복인 줄로 착각하고 있다.

그런 남성은 매사에 있어서 일이 잘되지 않을 때는 아내를 근심케 하거나 공포심을 갖게 할까 봐 그런 기색을 감추려고 애를 쓴다. 그들은 자신이 약점을 지니고 있음을 인정하기를 아주 부끄럽게 여기고 있다.

결과적으로 그런 행동이 아내를 모욕하는 것이라는 사실을 그들은 까맣게 모르고 있다.

그렇다면 오늘날 모든 남편이 과연 어떠한가? 남편의 말에 귀를 기울일 줄 모르는 아내를 가졌다고 해서 도리어 그것을 마음 편하게 여기고 있는 남편이 대부분이 아닐까?

어느 심리학자는 다음과 같은 말을 했다.

"아내가 할 수 있는 가장 큰 내조의 하나는 남편의 회사에서는 이야기하지 않았던 근심거리에 귀를 기울여 들어줌으로써 남편이 마음의 무거운 짐을 내려놓을 수 있게 하는 것입니다."

그 심리학자는 그러한 아내를 일컬어 '안전장치', '슬픔의 벽(壁)', '연료보급창고'라고 평하였다.

다음은 남의 말을 경청할 줄 아는 여성이 되기 위한 세 가지 원칙이다.

- 표정이나 몸짓으로 자신이 주의 깊게 귀 기울이고 있다는 사실을 표현할 것.
- 적당한 질문을 하도록 익힐 것.
- 결코, 상대방의 신뢰를 저버리지 말 것.

배우자가 하는 일을 믿어라

19세기 말엽의 일이다.

미시간주 전등회사에서 어느 젊은 기사를 11달러의 주급으로 고용했다. 그는 날마다 열 시간씩 근무하고, 집에 돌아가서는 집의 뒤뜰에 있는 낡은 오두막집에 틀어박혀 있었다.

그는 새로운 엔진의 제작을 위해서 밤이 깊도록 일에 몰두하는 것이 예사였다.

한낱 농부에 불과했던 그의 아버지는 아들이 쓸데없는 짓으로 시간을 낭비하고 있는 줄 알았다.

이웃 사람들은 이 젊은 기사에게, '쓸모없는 놈'이라는 별명을 붙이고는 놀림감으로 삼고 지냈다.

그러나 그의 연구가 언젠가는 열매를 맺으리라고는 누구도 감히 생각하지 못했다. 단 한 사람의 예외로는 그의 부인이 있을 뿐이었다.

그녀는 하루의 일을 끝내고 나면 반드시 그 오두막집에 와서 남편을 돕기로 했다.

겨울이 되어서 해가 짧아졌을 때는 일하는 데 편리하도록 석유램프를 가지고 가서 서 있기도 했다.

추위로 인하여 이는 덜덜 떨리고, 손은 차갑게 얼어 굽은 채로 있었지만, 그녀는 남편이 그녀를 놀려대느라고 '나의 신자(信者: 믿음으로 뭉친 사람)'라고 부를 만큼 남편이 만드는 엔진이 성공하리라고 굳게 믿고 있었다.

이 낡은 오두막집에서 쓰라린 노력을 계속한 3년 후에 그의 광기에 가까운 연구는 마침내 결실을 보았다. 그것은 공교롭게도 이 사람이 30세의 생일을 맞이한 날이었다.

이웃집 사람들은 일찍이 듣지 못하던 연속음에 모두 놀라 창가로 뛰어가서 바라보니 그 기인으로 알려진 사내가 부인과 더불어 말도 없는 수레를 타고 거리를 달리고 있지 않은가.

그 수레는 여러 사람이 보는 가운데 저쪽 거리의 귀퉁이까지 갔다가 다시 돌아오는 것이었다.

이 사나이의 이름이 바로 헨리 포드다. 이렇게 해서 우리 인류에서 중대한 영향을 끼치도록 운명 지워진 새로운 자동차 산업이 그날 밤에 태어난 것이다.

헨리 포드를 '자동차 산업의 아버지'라고 일컫는다면 포드 부인이야말로 '자동차 산업의 어머니'라고 일컬을 만한 것이다.

그로부터 50년 후, 포드는 이다음에 다시 이승에 태어나면 무엇이 되고 싶으냐는 질문에 대해서 다음과 같이 대답했다.

"내 아내와 같이 있을 수만 있게 된다면 무엇으로 태어나든 전혀 개의치 않겠소."

그는 이승을 등질 때까지 그녀를 '나의 신자'라고 불렀고 저승에서도 그녀와 같이 살고 싶다고 희망하는 것이었다.

어떤 사람이든 자기를 믿어 주는 사람, 주위의 여러 사람이 자기를 반대하고 비난할 때, 자기편을 들어 주는 사람을 필요로 하는 법이다.

온갖 일이 뜻대로 잘되지 않을 때, 남의 공격을 받았을 때나 사업에 실패하였을 때조차 남편 혹은 부인에게, "어떤 일이 있더라도 당신에 대한 내 신뢰에는 변함이 없어요." 하고 말하며 용기와 자신감을 주는 배우자가 필요한 것이다.

배우자조차 자신을 믿어 주지 않는다면, 대체 세상에서 어느 누가 자기를 믿어 줄 것인가?

믿는다는 것은 적극적인 능력이다.

그것은 어떠한 실패라도 그것을 결정적인 것이라고 인정하기를 거부한다. 또한 그것은 잃어버린 자신을 부단히 되찾으려고 애쓰는 것이다.

더욱 큰 애정으로

"자녀들이 자기는 누구에게서도 사랑받지 못한다고 생각하는 것
이 소년 범죄의 주요 원인이다."

이것은 뉴욕 시립 소년원의 서기이며, 사회사업가인 에젤 H. 와
이즈 씨가 매사추세츠주의 사회사업가 대회에서 강연할 때 한 말
이다.

우리 부모도 호클라호마 엘리노어의 화원에 있는 소년수들에게
인간관계에 관한 강습회를 했을 때, 그 말이 진리라는 것을 알게
되었다. 애정에 굶주렸다는 것이 이들 불행한 소년들의 공통된 문
제점이다.

여느 소년은 다음과 같이 말했다.

그 소년은 아무리 편지를 해도 어머니가 답장하지 않기에 한번

은 '저는 지금 이러이러한 강습을 받고 있는데, 그 결과 저도 이제는 착한 애가 되었어요.'라고 써 보냈다는 것이다.

그러자 비로소 어머니의 답장이 왔는데, 그 편지에는 '아무리 그래 봐야 넌 글러 먹었다. 네겐 교도소가 알맞은 곳이야.'라고 쓰여 있더라는 것이었다.

열아홉 살이 되는 토미라는 소년은 14년 이상이나 보육원과 교도소, 감화원을 전전하며 살아온 아이였는데, 그의 말은 다음과 같다.

"우리에게 필요한 것은 우리를 귀여워해 주는 사람입니다. 지금까지 우리를 귀여워해 준 사람은 하나도 없었어요. 나는 열여섯 살이 되기까지 한 번도 크리스마스 선물을 받은 일이 없었거든요."

배가 몹시 고픈 아이가 좋은 음식이 없을 때는 불결한 밥찌꺼기에도 덤벼들 듯이, 이처럼 애정에 굶주린 아이들이 애정의 공백을 메우느라 범죄로 빠져드는 것은 결코 이해할 수 없는 일이 아니다.

애정이란 우리의 정신이 거기서 영양을 섭취하여 성장에 가는 참된 음식이다. 애정이 없으면 우리의 정신은 어지러워지고 평범해지고 만다.

심리학자 고든 W. 올프트는 이렇게 말한 적이 있다.

"보통 일반 사람의 심정을 정직하게 말한다면, 누구나 아무리 사랑하거나 사랑받거나 하더라도 그것이 결코 충분하다고는 생각지 않는 것이다."

정녕 그렇다. 사랑은 원자력에 못지않은 강대한 힘을 가지고 있다. 사람은 날마다 기적을 이룩하는 것이다.

당신이 배우자에게 기울이는 애정은 배우자가 일에 성공하기 위해서 가장 긴요한 요소이다.

만약 당신이 진심으로 배우자를 사랑하고 있다면 당신은 배우자를 행복하게 하려고 당신이 할 수 있는 온갖 일을 다 할 테니까. 더구나 배우자에게 기울이는 애정의 정도는 자식의 행복에도 영향을 미친다.

가정문제 연구소장인 파울포프네 박사는 전국 사친회 총회의 석상에서 다음과 같이 말했다.

"사친회가 만약에 전국의 어린이들을 한 해에 한 번씩 한자리에 모이게 하는 계획을 집어치우고 그 대신에 남편과 아내가 더욱더 깊이 서로 사랑하려면 어떻게 할 것인가 하는 문제를 모의하기로 한다면, 그것이 자녀의 행복을 위해서는 훨씬 도움이 될 것입니다."

그렇다면 우리는 어떻게 하면 서로가 더욱 크나큰 애정을 가질 수가 있을까? 다음에 그 방법을 기술해 보기로 하자.

① 날마다 애정을 겉으로 나타내도록 할 것

흔히 아내들은 불평이 많다.

남편이 그녀들을 본체만체 둔다느니, 전혀 칭찬해 주지 않는다느니, 어떤 옷을 입어도 조금도 관심을 두지 않는다느니, 눈에 띄게 애정의 표현을 해주지 않는다느니 하고 말이다.

그러한 아내들은 이번엔 자기 남편에 대해서 냉담한 태도를 보이면서도 한편으로 남편들이 그들을 한심하다느니 억세다느니 멋지다느니 하고 칭찬의 말을 건네주는 매력 있는 여성들의 뒤를 쫓아다니는 것을 이해하지 못한다.

그러므로 애정을 구하는 것은 절대로 여성만의 전매 특허권은 아니다. 또한, 남성도 그것을 구하고 있다.

그중에는 남성의 이와 같은 약점을 이용해서 자기가 갖고 싶어 하는 것을 손에 넣을 때까지 조심스럽게 애정의 표현을 하는 여성도 있다.

② 유머를 알 것–만사를 낙관적으로 속 편히 생각할 것

야심적인 아내가 가끔 '완전병(完全病)'에 걸리는 수가 있다. 그러한 아내는 언제나 아들은 총명해야 하고, 집안은 어디 하나 흠잡을 데 없게 정리되어 있지 않고서는 마음이 편할 줄 모른다.

이와 같은 완전병은 자질구레한 일에 너무나 신경을 쓰는 탓으로, 도리어 커다란 것을 찾지 못하고 놓쳐 버리는 결과를 초래한다.

무엇이든지 속 편하게 낙관적으로 받아들이고 너절한 일로 마음을 흐트러뜨리지 않도록 함이, 도리어 부부 사이에 애정을 부드럽게 하는 것이다.

③ 관대한 마음을 가질 것

진심으로 사랑하는 사람들 사이에는 타산적인 결혼이란 있을 수 없다. 즉 애정이란 아낌없이 주는 것이다.

④ 조그만 일에도 감사의 뜻을 표할 것

혹시 당신은 그 사람이 해주는 일은 무엇이든지 그저 당연한 일이거니 하고 생각하고 있을는지도 모른다. 만일 그렇게 생각한다면 아무리 좋은 음식을 만들어 준다거나 기쁘게 해주려고 노력해 보아야 무슨 소용이 있겠는가.